時代への警告

適菜収
Tekina Osamu

おい、小池!

女ファシストの正体

KKベストセラーズ

おい、小池！

女ファシストの正体　時代への警告

或る女性がどんなふうに、
またどんなときに笑うかは、
彼女の教養のほどを示す目印となる。
しかし、笑い声の響き方には彼女の本性が現われる。
――フリードリヒ・ヴィルヘルム・ニーチェ

CONTENTS

第一章

小池百合子とは何だったのか

第二章
だから何度も言ったのに

第三章

保守政治の崩壊

第四章 バカは何度も騙される

第一章

小池百合子とは何だったのか

空っぽの独裁者「小池百合子」

小池百合子とは何だったのか。

もう過去形で語っていいと思う。相当なボンクラでもない限り、その正体は誰の目にも明らかであるからだ。これまでの小池の言動から判断する限り、深いニヒリズムに起因する近代特有の病が最終段階に入ったと見たほうがいい。

解散総選挙で世の中が騒いでいる中、私は小林秀雄の「ヒットラーと悪魔」の一節を思い出した。

《ヒットラーの独自性は、大衆に対する徹底した侮蔑と大衆を狙うプロパガンダの力に対する全幅の信頼とに現れた。と言うより寧ろ、その確信を決して隠そうとはしなかったところに現れたと言った方がよかろう》

小池もまた、その「確信」を隠そうとはしない。

尻尾を見せたというより、最初から大股開き。少しは隠せよという話。見ているこちらが恥ずかしくなる。

もう失うものはないのだろう。売れなくなった女優が、熟女モノのAVに出たときの吹っ切れた感じはあるが、AVと政治は違う。間違った政治は人を殺す。とりあえず、あんなものを子供の目が届く場所に出してはダメなのだ。

小林は続ける。

《間違ってばかりいる大衆の小さな意識的な判断などは、彼に問題ではなかった。大衆の広大な無意識界を捕えて、これを動かすのが問題であった。人間は侮蔑されたら怒るものだ、などと考えているのは浅薄な心理学に過ぎぬ。その点、個人の心理も群集の心理も変りはしない。本当を言えば、大衆は侮蔑されたがっている。支配されたがっている》

「浅薄な心理学」では小池の本質を見間違う。小池は徹底的に大衆を侮蔑し、そして、そのことにより大衆の支持を集めたのだ。

その嗅覚は鋭い。

勝ち負けだけの人間

この手の集団の言動が似てくるのは、すべては勝ち負けで決まると考えているからだ。勝ち抜くためには事実を無視しようが、嘘やデマを垂れ流そうが構わない。

《人性は獣的であり、人生は争いである。そう、彼は確信した。従って、政治の構造は、勝ったものと負けたものとの関係にしかあり得ない》（小林）

市場移転問題においても、小池は一貫して「事実」を無視した。専門家の検証に難癖をつけ、社会不安を煽り、「総合的な判断で決める」などと言いながら移転を先延ばしし、都民の税金をドブにぶち込んだ。「徹底した情報公開」「都民はファクトを知りたい」と言いながら、「ファクト」を隠蔽し続けたのである。

象徴的なのは次の発言だ。

「『もう完成しちゃったのだから』『土壌対策の八五〇億円を加え、六〇〇〇億円もかけたのだから』。即時移転を唱える方々は奇妙にも異口同音に語ります。しかし、こうした理由だけで、移転を決断することはできません。科学的・法的な安全に加え、消費者の理解と納得による安心の確保が欠かせないからです。安心の明確な基準はありませんが、消費者は食品を選ぶ際に、産地はどこか、会社はどこかと、総合的に判断をくだしているのではないでしょうか」（『文藝春秋』二〇一七年五月号）

「安心の明確な基準」はないと言いながら、「安心の確保が欠かせない」と言う。つまり、すべては小池の胸三寸で決まるということだ。

この手の集団にとって「事実」は意味を持たない。豊洲市場の安全性が確保されていようが、築地市場から土壌汚染対策法が定める基準を超えるヒ素や水銀などの有害物質が検出されようが関係ない。大事なことは大衆を煽動するための「ネタ」になるかどうかである。

小池は自分はＡＩだと言った。市場移転問題の最終判断の記録が都に残っていなかった件を追及されると、「最後の決めはどうかというと、人工知能です。人工知能というのは、つまり政策決定者である私が決めたということでございます」と答えている。たしかに小池には普通の人間が備えている良心を見いだすことができない。さらに怖いのは悪意すら見えないことだ。目は虚ろだし、どこか人間離れしている。世の中を混乱に陥れても、笑顔を絶やすことはない。

小池は覚悟を決めたのだろう。信じることができるのは自分だけだと。世の中が腐っているなら、その汚れた空気を徹底的に利用してやろうと。

小池の口癖は「私は負け戦には乗らない」である。

《異端か、正統かを決めるのは「時代」以外の何物でもない。その時代に、どちらがマジョリティーを占めたか、だけの話である》（小池百合子『異端のススメ』）

「政界のルー大柴」

原発推進派の小池が「脱原発」を打ち出したのも、嘘をつくというより、そもそも言葉自体に価値を見いだしていないからだ。「軍事上、外交上の判断において、核武装の選択肢は十分ありうる」といった過去の発言を公式サイトから削除したのも、矛盾は後から修正すればいいと考えているからだ。

《彼には、言葉の意味などというものが、全く興味がなかったのである。プロパガンダの力としてしか、凡そ言葉というものを信用しなかった》(小林)

小池のリーダーシップ哲学は「コンビクション」であり、東京は「サステイナブル」であるべきで、エネルギー政策は「ゼロ・エミッション」を目指すそうな。ダイバーシティ、ブルーオーシャン、スプリングボード、ワイズ・スペンディング……。安倍晋三による衆院解散は「クエスチョンマーク」であり、これまでの議論を「アウフヘーベン」するという。「政界のルー大柴」と呼ばれる所以だが、要するに日本語を大切にしていない。『一九八四年』でジョージ・オーウェルが描いたように、全体主義の兆候は言葉遣いに現れる。

われわれの社会はすでに「維新の会」という悪夢を経験している。彼らは「都構想」により「最低でも年間四〇〇〇億円の財源を生み出す」「教育費を五倍にした」などとデマを垂れ流し、法律の網の目をかいくぐり、大阪市の財源を横流しするための住民投票に持ち込んだ。効果がマイナスであることが発覚しても、タウンミーティングで使われたパネルの数値がごまかされていることを指摘されても、維新の会は一貫して間違った情報を世の中に流し続けた。

当然だ。

彼らにとって言葉は世の中を欺くためだけに存在する。「事実」は「目的」のために捻じ曲げられる。彼らを言葉で批判しても止めることはできない。言葉に対する不信、徹底した侮蔑の上に彼らの運動は成立しているからだ。維新の会元代表の橋下徹が言うように《ウソをつかない奴は人間じゃねえ》（『まっとう勝負！』）のである。

《大衆はみんな嘘つきだ。が、小さな嘘しかつけないから、お互に小さな嘘には警戒心が強いだけだ。大きな嘘となれば、これは別問題だ。彼等には恥しくて、とてもつく勇気のないような大嘘を、彼等が真に受けるのは、極く自然な道理である。大政治家の狙いは其処にある。そして、彼はこう附言している。たとえ嘘だとばれたとしても、それは人々の心に必ず強い印象を残す。嘘だったという事よりも、この残された強い痕跡の方が余程大事である、と》（小林）

論理的な批判は恫喝とスラップ訴訟で封じればよい。質より量が大事なのだ。彼らはマスメディアを利用して、大衆の暗い感情に火をつける。
《プロパガンダというものは、何度も何度も繰返さねばならぬ。それも、紋切型の文句で、耳にたこが出来るほど言わねばならぬ。但し、大衆の眼を、特定の敵に集注させて置いての上でだ》（小林）

一院制という悪夢

全体主義の中心は空洞である。その本質は大衆運動であり、そこではむしろイデオロギーは邪魔になる。

小池の言葉は驚くほど空虚だ。小池の著書や過去の発言をチェックしたことがあるが、ほとんど内容がない。批判するポイントすらない。「活躍する女性が増えればいい」といった誰もが反論しようがないことを大上段から諭す。左翼は「小池は右翼だ。軍国主義者だ」と騒いでいるが、それすら怪しい。時代の空気を読み、大衆に迎合し、政策をコロコロと変える。これこそが小池の強さだろう。だからこそ、まったく考え方の違う連中が、選挙目当てとはいえ、小池に接近してきたのだ。少し汚い表現だが、希望の党が政界の肥溜めだとしたら、小池は政界の蠅取り紙なのである。

小池の側近の若狭勝は、現在の衆参二院制を一院制に変えるための憲法改正を党の目玉政策に掲げるという。協議を続けてきた細野豪志や小池も賛同。若狭は「一院制に反対する人は新党のメンバーになることはない」と表明したが、だとしたら、とびきりのポンコツの集団ということになる。一院制を唱えるのは極左カルト、全体主義勢力の指標であるからだ。これは文明社会で到底許されることではない。

若狭は一院制の導入が議員定数削減や国会運営費の削減につながると主張。「衆参で同じようなことを繰り返し審議することは、スピーディーな国会運営の観点で極めて問題がある」「国会議員は自分の議席があるので一院制の導入に消極的だ。『しがらみ政治』脱却の象徴として取り組んでいく」と発言。ヒトラーやスターリン、毛沢東、ポル・ポトの発言なら理解できるが、二一世紀の国会議員が公の場でこう言い放つところに、わが国の病は象徴的に表れている。

一応、元検事でしょう。勉強をしないまま大人になり「一院制」を唱えるようになったボンクラの安倍とはわけが違う。極めて悪質だ。

そもそもなぜ議会を二つに分ける必要があるのか?

下院の判断を「良識」によりチェックするためだ。異なる選出方法による議員の判断を確保することで、ある時点における多数派の意見をそのまま通せないようにする。要するに、政治のスピードを緩やかなものにし、熟議、合意形成、利害調整の機会を確保するわけだ。「今の参院は衆院のカーボン・コピーになっている」と批判するなら、本来の上院の姿に戻す努力をすべきだが、カルト勢力は「問題があるなら潰してしまえ」と言う。彼らの目的は権力の集中である。

小池「日本をリセットするために党を立ちあげる」

橋下「一からリセットして日本を作り直す」

安倍「そのとき社会はあたかもリセット・ボタンを押したようになって、日本の景色は一変するでしょう」

こういう発言をする連中は、例外なく一院制論者である。これもまた頭の中の構造の問題だ。

保守主義とは人間理性に対する警戒を怠らないことである。人間は判断を間違えることがある。だから、権力に対する警戒を怠らず、パワーを分散させなければならない。こうした冷静な観察、理解が、議会主義を成り立たせている。

一方、権力を一元化し、社会をリセットし、理性により「新しい国」を設計しようと考えるのが極左カルト、全体主義者である。

小池は言う。

「日本人はみんな、我慢しすぎなんです。我慢して我慢して、対処法を見つけようとする。でも私は、〝せーの〟で一斉に社会を変えたほうが早いと思う」「目の前にある問題について、対処法をこねくり回す時期はもう終わったと思っています」（『女性セブン』二〇一七年一月一日号）。

〝せーの〟で一斉に社会を変える。これを極端な形でやったのがフランス革命だった。フランス革命を準備した政治家のシエイエスは、「上院は下院と一致するなら無用であり、下院に反対するなら有害である」と述べている。この愚論が現実社会で実行された結果は、一院制になった国民公会が何をやったかを振り返ればよい。その反省の上にフランスは再び二院制に戻り、上院から民選を取り除いた。

小池およびその類の連中はことあるごとに「政治にはスピードが必要」と繰り返すが、この発想を突き詰めれば独裁になる。

これを理解できない人間は政治に関わるべきではない。

小池曰く「私も一院制の議員立法を作った一人。憲法改正も全く違う切り口から議論することが必要」。

要するに確信犯だ。

すでに「小池ファシスト」

小池は二〇二〇年開催予定の東京オリンピックと同じ日取りである二〇一七年七月二四日から九月六日までの間、ラジオ体操を都の職員に押し付けたという。

小池は言う。

「日本人のDNAに刻み込まれている。都民、国民が一つになれる」

ファシズム（結束主義）とは「一つに束ねる」ということ。「小池ファースト」はすでに「小池ファシスト」になっているのだ。

二〇一六年七月の都知事選では「百合子グリーン戦略」なるものが実行された。「グリーン＝エコ」というイメージをアピールするため、運動員は緑色のポロシャツで統一し、支援者には緑のものを一点身に着けるよう呼び掛けた。

これに対し、橋下はテレビ番組で「違和感を覚えた」「大阪だったら（支持者が）一気に引いていく」「ファシズム、全体主義が用いるやり方」「北朝鮮と一緒になってしまう」と批判。

たしかにそのとおりだが、橋下維新は党のイメージカラーを緑に統一。のぼりもたすきも緑。「都構想」の住民投票のときは、緑色のジャンパーを着たスタッフが動き回っていた。ファシストがファシストをファシスト呼ばわりする。ここまでくると、もう何がなんだかわからない。こうした社会では夢と現実の境界が消滅していく。

小池が引き起こした騒動を戦後政治史の中に位置づけるとしたら、大衆社会化と政治システムの崩壊が引き起こした混乱ということになるだろう。

極端な隠蔽体質もこの手の集団に共通するものだ。都政においては、維新の会の背後で動いていた上山信一や環境活動家の小島敏郎を顧問として雇い、密室で政治を動かしていた。野田数も荒木千陽も小池の私兵のようなものだろう。

都議選が終わると小池は「都民ファーストの会」の代表を辞任。「二元代表制への懸念」を考慮したと言っていたが、二元代表制における問題はないと説明してきたのは小池である。

その後、野田が代表に戻り、結局五五人のポンコツが都議会に押し込まれただけ。要するに、選挙目当ての名義貸しである。

今回も小池は、国政進出を否定しながら、国政に進出。「都政を遂行することと新党に関与を深めることは矛盾しないか」と記者から問われると「矛盾するものと考えておりません」と逆ギレした。

国政においても同様の詐欺を繰り返す可能性がある。

「都民ファーストの会」は組織としても極めて異常だ。小池に続き、野田もわずか二カ月余りで代表を辞任。二〇一七年七月に初当選したばかりの都議の荒木千陽が代表になった。

結党一年未満で代表が三回も変わるのも異常だが、この人事は小池、幹事長の増子博樹、政調会長の山内晃の三人だけで決められ、所属議員には党からメールで「事後報告」されたという。

小池にとって所属議員は数合わせのための駒にすぎない。彼らの任務はひたすら黙ることであり、幹部の任務は徹底的な口封じ、言論封殺である。

所属議員の取材窓口は党本部に一本化し、自由な発言を規制。政治の素人ばかりなので、失言を避けるのが狙いだという。野田は「どの企業も取材は広報経由。うちはこれまでの都議会と違い、民間並みの対応をとる」と嘯いた。

都議会臨時会では、報道機関の取材に対する〝想定問答集〟が議員に配られ、その場で回収されたという。「党の方針」に逆らえば「排除」される。

この件について質問を受けた小池は、「そういうものは存在したのか、存じておりません」とした上で「一年生議員については、何を言い、何をコンセプトとして伝えるべきかということは、どの党であってもオリエンテーションでやっているのではないか」と発言。

私は北朝鮮には行ったことがないが、多分こんな感じなのだろう。

自称「立法府の長」である安倍が、維新の会や希望の党と組んで憲法を改正し、三権を束ね、一院制を押し通せば、極東に北朝鮮のような国が一つ増えるだけだ。

原発ゼロ？

類は友を呼ぶ。いかがわしいものは全部つながっている。

今回の小池のバカ騒ぎも、裏で糸を引いていたのは、結局同じような連中。小池と維新の会を仲介したのは竹中平蔵。渡辺喜美、河村たかし、松井一郎、大村秀章……。何かあるとのこのこ出てくるおなじみの連中が、新党周辺に群がった。

安倍は最初からフライング。テレビ番組では「与党だけで憲法改正の発議ができるとは考えておらず、多くの党の賛成を得たい。東京都の小池知事も、日本維新の会も憲法改正には前向きだと思う」と発言。要するに茶番。小池新党が「反安倍」「非自民」の受け皿ではないことは明らかだ。

小池の周辺に集まってくるのは、卑劣な人間ばかり。路チュー不倫で女房を裏切り、古巣の仲間を裏切った細野豪志。選挙区で落選し、比例で復活した福田峰之……。

前原誠司は「『第二の自民党にはならず、政権交代を目指す』と言っている部分では同じ方向を向いている。今後も話をしていきたい」などと述べ、ふらふらと接近。準備が進んでいた野党共闘をぶち壊した。見識がゼロ。

自称保守のメッキも剥げた。

「日本のこころ」代表の中山恭子は、希望の党との合流を表明。同行する夫の元文科相中山成彬は、ツイッターでこうつぶやいている。

「小池代表には民進党丸ごとの合体は絶対ダメと釘を刺していたが大丈夫かな。辻元氏等と一緒なんて冗談じゃない。安倍首相の交代は許されない」（二〇一七年九月二八日）

完全にボケているのか、希望の党が安倍の補完勢力であることを暴露する始末。

バカは同じような詐欺に何度もひっかかる。

菅直人は「原発ゼロ」を新党の公約に掲げた小池に対し「大いに協力したいと思います」「私は小池氏が日本のメルケルになって、ドイツと同じようなテンポで原発ゼロを実現してほしいと思います」と発言。

小池が原発を止めるわけがない。「増税凍結」も選挙直前になって大衆に受けそうなキーワードを並べ立てているだけ。だったら、自民党にいた頃に訴えればよかったではないか。「アベノミクスに代わる成長戦略」「九条にこだわらない憲法改正」「改革をする保守」……。いずれもバカを釣るためのエサである。

こうした中、小池の発言はぶっ飛んでいた。

「今回の選挙だけ延命できればいい、という候補を擁立しても有権者は見抜く。そうした候補は立ててない」

え？

小池周辺に集まってきたのは、当選がおぼつかないチンピラばかりではないか。危険なものを見抜くことができず、私利私欲で動く人間の屑である。

《バロックの分析によれば、国家の復興を願う国民的運動により、ヒットラーが政権を握ったというのは、伝説に過ぎない。無論、大衆の煽動に、彼に抜かりがあったわけがなかったが、一番大事な鍵は、彼の政敵達、精神的な看板をかかげてはいるが、ぶつかってみれば、忽ち獣性を現した彼の政敵達との闇取引にあったのである》（小林）

すべては自分のため

小池の人間性をよく知る元後援者はこう話す。

「しがらみのない政治とは、恩知らずということです。小池はそれを豊島区でやり、東京都でやり、今度は日本でやるということでしょう。日本新党でも自由党でも、小池は恩を仇で返し、後足で砂をかけて出ていった。すべては自分のためだけです」

小泉政権の郵政選挙で小池は東京一〇区に落下傘候補としてやってきた。そのとき面倒を見たのが参院議員の田沢智治だった。知り合いのいない小池に田沢は区議など味方になりそうな人物を紹介した。都議の矢島千秋も小池を一所懸命に応援するようになった。しかし、小池は矢島の後援会長だった地元の印刷会社の社長を奪い取ってしまう。

元後援者が憤慨する。

「都知事選のときは、自民党豊島支部一四人中五人を連れて出ていった。小池のせいで豊島支部はめちゃくちゃになってしまった。落下傘でやってきて面倒を見てもらっても何の恩義も感じていないんだ」

小池が歩いてきた道はぺんぺん草も生えない。人々の信頼関係を破壊し、マイナスの感情を植え付ける。

取材した都職員はこう述べていた。

「市場移転問題では、市場で働く人々の関係を壊してしまった。オリンピックの会場移転問題では、決断を引き延ばし、工事費は高騰。小池の成果などマイナスしかありません。『東京大改革』と言いながら、都政は明らかに後退しています」

当然、都庁における小池の評価は低い。「都政新報」のアンケート調査によると、小池知事一年目の点数は平均で四六・六点。「落第点」「合格点は与えられない」が全体の五七・一%を占めた。これは前職の舛添要一の六三・六点、石原慎太郎の七一・一点と比べてもかなり低い。

小池人気は無責任なメディアがつくりだしたものだ。

若狭は言う（『文藝春秋』二〇一七年一〇月号）。

「小池さんの一番の凄みは、不正や怪しさの臭いを嗅ぎわける力です」

「ただ将来、国政新党ができるとしても、小池さんが都知事でありながら、その国政新党の代表を兼任するというような構想はないのではないかと思います」

「少子高齢化という喫緊の課題を解決することを優先的に考えるべきだということです。これまでも散々指摘されてきたのに、結局出生率は上がっていない。例えば改憲で『国は少子高齢化の課題について優先的に取り組まなければならない』という規定を盛り込むぐらいの覚悟が無ければこの問題は解決できません」

一体どこからツッコめばいいのか？

要するに、小池という空っぽの独裁者を、憲法の意味合いも理解していない極端にレベルが低い人々が持ち上げ、地獄へと突き進んでいるわけだ。

《人間にとって、獣の争いだけが普遍的なものなら、人間の独自性とは、仮説上、勝つ手段以外のものではあり得ない。ヒットラーは、この誤りのない算術を、狂的に押し通した》（小林）

要するに、日本人は政治をナメすぎたのだ。

その報いは当然自分たちに戻ってくる。

なぜこのような低級な詐欺にひっかかるのかと問うのは不毛だ。大衆は騙されたいのであり、縛られたいのであり、一貫した世界観にワクワクしたいのである。巻き添えを食うのは正常な人間だ。

フリードリヒ・ヴィルヘルム・ニーチェの言葉を貼っておく。

《ひとは、治療手段をえらんだと信じつつ、憔悴をはやめるものをえらぶ》（『権力への意志』）

ポスト・トゥルースの政治家

オックスフォード英語辞典は、二〇一六年を象徴する言葉（ワード・オブ・ザ・イヤー）として、「ポスト・トゥルース」を選んでいる。ここでの「ポスト」は「重要ではない」という意味なので、訳せば「真実なんてどうでもいい」といったところか。要するに、世論が形成される過程において客観的事実が個人の感情に訴える嘘より力を持たなくなってきているのだ。

イギリスのＥＵ離脱やアメリカ大統領選においても、大手メディアが発信した情報より、裏付けのないネット上のフェイクニュースのほうが世論を動かしたという指摘もある。こうした状況を、既存メディアに対する信頼の低下や、ＳＮＳの普及により情報が拡散しやすくなったことを例に挙げ説明する向きもあるが、根本的には当事者意識が失われてきたということだと思う。それは「高を括る」「なりふり構わない」という二つのキーワードで考えることができる。

事実を軽視するのは、国民の多くが、それでもなんとかなると高を括っているからであり、こうした無責任な人々の票を狙って、「なりふり構わない」政治が横行している。

わが国で発生している現象もこれだ。それを如実に示したのが小池が引き起こした一連の騒動だろう。

小池は「ファクト」という言葉をよく使う。「都民はファクトを知りたい」（二〇一七年二月一六日）などと。しかし、築地市場から豊洲市場への移転問題において、一貫して「ファクト」を無視してきたのは当の小池だ。専門家の検証により、豊洲市場の安全性はすでに確認されている。二〇一六年一二月二八日、東京都は建物の安全確保と、建築基準法に適合することを証明する「検査済証」を発行。専門家会議が「地上部分と地下部分の（有害物質の）数値は分けて考えるべきだ」と指摘すると、小池は記者会見でこう言い放った。

「ご専門の立場から、そのように仰ったのだと理解しています。一方で、私は一般消費者の一人だと思っておりまして、地下と地上と分けるということを理解するのはなかなか難しいものがあるかなとも思うわけです」（二〇一七年一月二〇日）

「ポスト・トゥルース」とはこういうことだろう。科学的事実、専門家の知見がどうであれ、一般消費者の「気分」を重視すべきというわけだ。豊洲市場にはすでに六〇〇〇億円が投入され、二〇一六年一一月の移転延期以降、一日約五〇〇万円の維持費が生じている。小池は一般消費者の一人ではなく、都知事として都民に説明をしなければならない立場のはずだ。にもかかわらず、曖昧な発言を繰り返し、都民の不安を煽ってきた。

市場移転の引き延ばしについて記者に問われた小池はこう答えている。

「そのために今、再調査の結果を待っているわけです。法的・科学的安心においては。ただ、そっち側だけに入りこむと、木を見て森を見ず、になってしまう。（中略）だから、私はずっと総合的な判断で決めると言っています」（『週刊文春』二〇一七年三月二三日号）

要するに、「法的・科学的安心」などと小ざかしいことを言うなと。すべては私の胸三寸で決めると。

小池は情報公開を訴えてきた。

「昨年七月の知事選以来、私が提唱する『東京大改革』の一丁目一番地は、情報公開です。都の事業に関する過程を記録に残し、公開の要請があれば原則公開にする。歴史の検証に耐えうる『当たり前の都政』には欠かせません」（『文藝春秋』二〇一七年五月号）

「手続きや意思決定を白日の下で行うことが、都民に対する説明責任の果たし方だと思うんです。だから最初に情報公開に取り組みました」（『婦人公論』二〇一七年四月一一日号）

たしかに都政の非公開体質は問題になっていた。「しがらみ」がない小池が、そこに風穴を開けるという理屈は成立する。だが、小池は他人に情報を出せと言いながら、自分だけは秘密主義を貫いているのだ。小池の政策決定のプロセスはまったく見えてこない。「事実」として、東京都の最大のブラックボックスは、いまや小池になっているのである。

すり替え、矛盾、はぐらかし

「ファクト・チェック」という言葉もよく使われるようになった。政治家などの発言の真実性をメディアがチェックするわけだ。しかし、そもそも「ファクト」が重視されないなら、検証しても意味がない。

基準値を大幅に上回る有害物質が検出された豊洲市場の地下水のモニタリング調査では、調査した業者が「都に指示され、適切ではない方法で採水を行った」と暴露している（『週刊新潮』二〇一七年三月一六日号）。

この件について問われた小池はこう答えた。

「いろいろ理屈はあるでしょうが、九回目の調査も衆人環視の中で、国のガイドラインに則った方法でやっています。井戸の変形が見つかり、これまでと採水方法を変えざるを得ないという事情もあった。もちろん、十九日に公表予定の再調査の数字を見ないと正確なことは言えませんが、都民の皆さんは九回目の数字がおかしいと思うのか、それとも一〜八回目の

数字のほうがおかしいと思うのか。皆さんの受け止め方こそが最も重要だと考えます」（『週刊文春』二〇一七年三月二三日号）

ここでも小池は論理をすり替えている。採水方法を変えれば数値が異なるのは当然だ。そこを指摘されているのに、「皆さんの受け止め方」の話にしてしまう。

発言も矛盾ばかりだ。

東京都による築地市場の土壌調査では、土壌汚染対策法が定める基準を超えるヒ素や水銀などの有害物質が検出されている。また、市場全体が老朽化しており、アスベスト問題やネズミやゴキブリなどの衛生面の不安もある。

小池は「築地市場はコンクリートなどでカバーされているので汚染の問題はない」と言うが、それなら同様にコンクリートでカバーされている豊洲市場も問題ないはずだ。

小池は豊洲市場が安全であることがわかっている。だから「安心」という言葉を持ち出し、議論を歪めるのだ。

すでに述べたように、小池は「安心の明確な基準」はないと言いながら、「安心の確保が欠かせない」と言う。こうしたご都合主義を元東京都知事の石原慎太郎に批判されると、こう反論してみせる。

「石原さんは、私が〈安全と安心を混同〉しているとしきりに批判しています。豊洲は安全なのだから早く移転させろ、と言わんばかりです。しかし、豊洲について、『安全』だけではなく『安心』も必要だと決めた張本人は、石原さんのはずです」（『文藝春秋』二〇一七年五月号）

これも最近ネット上でよく見かける議論のはぐらかしだ。万引きで捕まった小学生が「他の子だってやっている」と騒ぐのと同じ。こうした言説がまかり通ること自体が、政治の劣化を示している。

顧問団政治

都庁内では何が発生しているのか？

二〇一七年五月某日、私は都の職員二人にインタビューを行った。

――市場移転問題の迷走について、都庁で働く人たちはどのように見ているのですか？

都職員Aが口を開く。

「築地市場に愛着を持つ人はたくさんいます。業界団体もあります。市場移転賛成派と反対派は、平成の初期の頃から真っ二つに割れていました。われわれは努力を重ねて話をまとめたんです。仲卸の人たちの意見をまとめるのは大変ですよ。そういう経緯を無視して、小池はいきなりゼロに戻すと言い出した。これでは都は信頼を失います」

都職員Bが頷く。

「僕ら公務員は職業倫理に従うというか、一線を越えないところがあります。だから、むちゃくちゃな都知事になると、今回のように市場移転問題やオリンピックの会場移転問題などで衝突する。小池が国や東京都の利益を考えているとは思えません。あれだけ盛り上がっていたオリンピックを汚してしまった。これは金銭的な損害も大きいです」

――いわゆる「小池劇場」を仕掛けたのは、背後にいるブレーンだという指摘があります。たとえば都政改革本部特別顧問の慶應義塾大学教授で経営コンサルタントの上山信一は、大阪維新の会のバックで動いていた人物です。小池は「上山先生」と呼び、絶大な信頼を寄せているそうですが、東京で何をやろうとしているのですか？

都職員Aが言う。

「上山は、政策に対する思想はないんです。構想が何もないのが上山なんですよ。とにかく、変えればいいんです。面白ければそれでいい。『大阪都構想』だって、大阪が変わるのが面白いくらいの感覚だと思います。彼は東京が嫌いなんですよ。世の中を変えること自体が目的になっているので、東京でも間違った改革に手を出す可能性は高い。大阪では市営地下鉄を民営化すると騒いでましたが、都営地下鉄を民営化するなどと言い出したら危険です」

維新の会は、赤字を理由に赤バス（市民バス）を潰した。赤字だからこそ行政がやるべき事業を、改革の名の下に次々と破壊していった。

東京オリンピックの三競技会場見直し問題も、上山が中心になって仕掛けたものだ。

都政担当記者によると「長沼への移転案が出た時から、都のオリ・パラ準備局の職員は、長沼案が過去に検討されたことを伝え、その上でダメだった理由を説明しようとした。しかし、上山さんは『できない理由ばかり並べないで、できる理由を探して来い！』と聞く耳を持たないそうです」（『週刊新潮』二〇一六年一二月一五日号）。

特別顧問は知事の一アドバイザーにすぎない。もちろん選挙で選ばれたわけでもない。しかし、都の内部ではこうした「虎の威を借る狐」が、政治を動かしているのだ。

都職員Aが言う。

「顧問がすべてを決めるのは問題です。知事が言っていないことでも、顧問や側近が勝手にやりたいことをやってしまう。小池は勉強をしていないから、上山たちの意見が押し通されてしまうんです」

――市場移転問題の背後では元青山学院大学教授の小島敏郎が動いています。小島は小池が環境相のときのブレーンです。名古屋市長河村たかしの高校の同級生で、八〇年代の名古屋の「藤前干潟問題」にも関わっています。

都職員Bが頷く。

「小島は左系のイデオロギーの活動家です。それが目的で顧問をやっている。もう齢だし、失うものがないのでしょう。そもそも、小池に市場移転ストップを吹き込んだのが小島です。小島には『築地市場を残す』という強烈な信念だけがあり理屈はない。それで、豊洲移転を否定するための理屈だけを集めている。非常に俗な方です」

――まともな顧問はいないんですか？

都職員Aが首を振る。

「いません。小池に人望がないからです。鈴木俊一都知事のときから、東京都の知事はすごいブレーンを連れてくるのが伝統になっています。都庁で働いている人間は、新しい知事が誰を連れてくるかを見守っている。それにより力量が問われるわけです。でも、小池が連れてきたのは、アントニオ猪木の事務所にいた野田数。みんな呆れ返ってしまった」

都庁内からは、小池を評価する声はほとんど聞こえてこない。

強さの秘密は「空虚であること」

一方、小池の自己評価は極めて高い。

自民党都連で最高顧問を務める深谷隆司は小池の発言に驚いたことがある。

「森さん（喜朗・元総理）を批判する際に、『文句ばっかり言っている森さんと、五輪組織委員会が稼げることを考えている私との〝器の違い〟をぜひ感じていただきたい』とまで発言していた。仮にも元総理に、びっくりする物言いをするよね」（『週刊新潮』二〇一七年二月九日号）

「自分ファースト」「小池ファースト」とも評される小池の人格はどのように形成されたのか？

小池の父親である勇二郎は、「よく言えば大陸浪人」「悪くいえば山師」と呼ばれるような人物だった。有力政治家に接近し、石油貿易などに手を伸ばした。小池も甲南女子中学に入学して以降は、本人曰く「上昇志向の塊」だったという（石井妙子「小池百合子研究」『新潮45』二〇一七年一月号）。

カイロ大学を卒業後、小池は東京でフリーの通訳として働き、その縁で日本テレビの番組のアシスタントに抜擢された。

記事はこう続く。

「その頃の百合子にとって、最大の強みは『カイロ大学卒業』という異色の肩書であった。百合子自身も強く意識していたのだろう。座談会などの席で『カイロ大学を首席で卒業した』と、度々語っている。だが、十万人近いマンモス大学でアラビア語を母国語としない留学生が首席で卒業することはまず考えられない」

話を盛るのも、山師の血筋か。

小池も父親同様、時の有力政治家に接近し、うまく立ち回った。

小池が「政界渡り鳥」と呼ばれる理由もここにある。

小池は塾講師林修との対談『異端のススメ』でこう述べる。

《もっとわかりやすく言うと、たとえばホテルなどで、朝食のバイキングを食べようとしたときに、手近な料理からお皿に載せてしまうと、あとでこんなにおいしそうなものがあった、珍しいものがあった、と焦りませんか。それを取る前にお腹がいっぱいになると、悔しい思いをするじゃないですか。だから、まずぐるりとひと周り見て、何があるかを確認してから、自分が食べたいものを、食べたい分だけ取るのが正解ですね》

これが小池の行動原理のすべてだろう。

日本新党、新進党、自由党、保守党、自民党と渡り歩き、細川護熙、小沢一郎、小泉純一郎と付き合う男も替えてきた。小池は「政党の離合集散の結果、政党名が変わっただけであって、私の主張、信念は一度も変えたことがない」と言うが、「ファクト」は異なる。

「保守党から自民党に移る際には、現自民党幹事長・二階俊博らに先立って、いち早く離党。自民党では政権派閥の清和会（旧森派）に入る。ところが〇九年、下野後の総裁選では、力を失ったと見た清和会を離れ、勝利が確実視されていた谷垣禎一支持を打ち出して三役ポスト

にありつく」（赤坂太郎「東京から首相を狙う小池のシナリオ」『文藝春秋』二〇一七年三月号）

小池の発言がそれを裏付ける。

「私は、政治の世界で物事を動かすには、『鳥の目』『虫の目』『魚の目』という三つの目が必要だと考えているんです。『鳥の目』は、物事を俯瞰する視点。そして『虫の目』は、ミクロの細やかな視点です」

「（魚の目は）トレンドを追う視点のことです。魚の群れは、寒流から暖流へと、エサとなるプランクトンが多い潮流へ動きます。私自身は群れるのが好きなタイプではないのですが、トレンドや人々の関心がどの方向へ流れていくのか観察することは重要だと考えているんです」（『文藝春秋』二〇一七年二月号）

クール・ビズ、ダイバーシティ、ブルーオーシャン、スプリングボード、ワイズ・スペンディング……。小池がやってきたのは、その時々の社会の気分に怪しげな片仮名英語を当てはめることだけだ。小池は「権力と寝る女」と揶揄されるが、結局「時代」と寝てきたのである。

空虚であること。これこそが小池の強さなのだろう。政治的信念も主張もゼロなので、「魚の群れ」も寄り付きやすい。

すでに述べたように、小池の口癖は「私は負け戦には乗らない」である。

《異端か、正統かを決めるのは「時代」以外の何物でもない。その時代に、どちらがマジョリティーを占めたか、だけの話である》（『異端のススメ』）

やはりこれは悪性のニヒリズムと判断すべきだろう。

「改革」を唱える破壊者

この四半世紀にわたる「改革」騒動も、行き着くところまで来たようだ。小沢一郎は自民党の「守旧派」を批判し、連立政権を仕掛け、小選挙区比例代表並立制や政治資金規正法の改正により、政治システムの根幹を破壊した。小泉純一郎は国益を守るために戦った政治家に「抵抗勢力」とレッテルを貼り、選挙区に刺客を送った。民主党は官僚を悪玉に仕立て上げ、事業仕分けで公開処刑を行った。「劇場型」政治が繰り返されてきたわけで、人間の一番下劣な感情に訴えるわけだ。今回の小池騒動も、その延長線上にある。

一九九二年七月二六日、日本新党から出馬した小池は初当選。初登院の際には、モスグリーンのサファリジャケットに豹柄のミニスカート姿で現れた。集まってきた記者に小池はこう言った。

「永田町には猛獣や珍獣、それに狸もいらっしゃると聞いたので、こんな恰好で来ました」

すべては計算ずく。小池の視線は常にメディアのカメラに向けられている。

都職員Aが言う。

「改革者を演じればウケるんですよ。石原都政は、国に楯突きました。それで『地方分権だ』と言い出す。『国や総務省がだらしないから自分たちでやる』と。でも、実際には、国から雛形をもらうわけです。当たり前ですよ。都道府県や市町村レベルに政策形成能力はありません。それぞれが別々に社会保障などの制度を考えていたら、非効率で仕方がない」

都職員Bが頷く。

「小池は、日本新党や新進党の時代が一番楽しかったんだと思います。パフォーマンス政治で、五五年体制を崩した。そのときの同期の人たちは、心の中のどこかでつながっているんです」

たしかに小池の人脈を見れば、「改革」を唱えることで飯を食ってきた連中ばかりだ。典型は橋下徹および大阪維新の会だろう。しかし、小池劇場と橋下劇場は単純に比較することはできない。たしかに背後にいかがわしいブレーンを擁し、「改革」を旗印に社会を混乱に巻き込む手法はよく似ている。しかし、私は小池の中に「悪意」を見いだすことができなかった。そこが怖い。

橋下は「能や狂言が好きな人は変質者」「日本国民と握手できるかわからない」といった

発言でもわかるように、日本の伝統文化や社会に対する悪意をむき出しにしてきた。維新の会は「年間四〇〇〇億円の財源を生み出す」「教育費を五倍にした」などとデマを垂れ流し、細工を施したパネルで住民を洗脳し、大阪市の財源を掠め取ろうとした。わかりやすい「社会の敵」である。

それに比べれば、小池は常識人のように見える。しかし、橋下劇場も小池劇場も、大衆の喝采と引き換えに、社会に大きな損害を与えたのだ。

全体主義の本質

政治哲学者のハンナ・アレントは、全体主義の本質は大衆運動であり、政策・イデオロギーの一貫性はないと喝破した。つまり、構造がない。中心は空虚なのだ。そこでは責任の所在が曖昧になり、「事実」は「目的」のために捻じ曲げられる。権力と大衆は共犯関係にあり、運動の継続だけが重要になる。それで、責任を回避しながら、次々と新しい話題を打ち出すわけだ。

小池は市場移転問題を利用してメディアの注目を集めたが、振り上げた拳を下ろせなくなった。最初から落しどころがないのだから当然だ。そこで小池は住民投票を画策した。市場移転の可否を都民に委ねれば、責任は問われなくなるという計算だ。

都職員Aが言う。

「小池は一時、本気で住民投票をやろうとしたんです。『市場移転は絶対に必要だ』『六〇〇億円をドブに捨てても、築地にとどまる』などと知事としての立場を鮮明にして住民投票をするなら、まだわかります。でも、『どちらにするか都民が選べ』というのはあり得ません。しかも、市場移転の利害関係者はごく一部でしょう。住民投票にかけること自体が原理的に間違っているのです」

アレントが指摘するように、現代の悪は根源的なものではなく、陳腐で表層的なものとして現れる。そして悪意すらない人間、思考停止した人間、凡庸な人間により拡大していく。ワイドショーを見ているうちに、巨悪に加担してしまうのが今の時代だ。

かつて三島由紀夫はこう述べた。

《現在の政治的状況は、芸術の無責任さを政治へ導入し、人生すべてがフィクションに化し、社会すべてが劇場に化し、民衆すべてがテレビの観客に化し、その上で行はれることが最終的には芸術の政治化であつて、真のファクトの厳粛さ、責任の厳粛さに到達しないといふところにあると言へよう》(『若きサムラヒのための精神講話』)

われわれが取り戻すべきは「ファクトの厳粛さ」である。

COLUMN

「小池劇場」に熱狂する「B層」

小池には環境相時代に提唱した「クールビズ」が成功体験として残っている。でも要するに「薄着」でしょう。どうでもいいような言葉をわざわざ横文字にする。日本語に対する愛がないんです。

安倍による衆院解散は「クエスチョンマーク」で、これまでの議論を「アウフヘーベン」すると小池は言う。こういうものに騙されるのが、三度の飯より「改革」が好きな「B層」です。

日本人の「改革好き」は戦前、戦中、戦後を貫いており、基本的に無知と忘恩に起因する。NHKの大河ドラマでも毎年のように維新だの「新しい国をつくる」だのと「革命モノ」が持て囃されている。B層は正義の味方が悪い奴を倒すという紙芝居が大好きです。

この四半世紀を振り返ってみても、政治家は口を開けば「改革」ばかり。小沢一郎は

「守旧派」をでっち上げ、小泉純一郎は「抵抗勢力」に刺客を送り、民主党は官僚を悪玉に仕立て上げた。その結果、日本はどうなったんですか？

政治の劣化の延長線上に安倍政治も「橋下劇場」も存在する。

小池が言っていることも、これまで繰り返されてきたマニフェストだのアジェンダだの船中八策だのとほとんど代わり映えしない。要するに絶望的に古いんです。

B層とは私の造語ではなく、二〇〇五年九月のいわゆる郵政選挙の際、小泉・自民党政権下の内閣府が広告会社スリードに作成させた企画書「郵政民営化・合意形成コミュニケーション戦略（案）」による概念です。構造改革に肯定的でIQが低い層、ひいては「近代的諸価値を妄信するバカ」「改革幻想に囚われている人々」ですね。

地道に議論を積み上げて国民に訴えるより、こうしたB層を扇動すれば選挙で勝てるというマーケティングの論理が蔓延《はびこ》ることにより、日本の政治は劣化してきました。

小池がやってきたことは普通に見ればむちゃくちゃでしょう。市場移転問題では科学的事実、専門家の検証に難癖をつけ、都民の不安を煽り、「総合的な判断で決める」などと言いながら、移転を先延ばしし、税金をドブにぶち込んだ。徹底した「情報公開」を謳いながら、すべての政策を密室で決める。都民ファーストの都議にはメディアの取材に答えないよう箝口令《かんこうれい》を敷き、都民には密告を奨励する。気に入らない部下は「粛正」

する。だから、都庁内における小池の評価は最低です。

小池は自分はＡＩだと言いましたが、たしかにそこには人間に備わる良心がない。冷徹で非情で傲慢で卑劣。世の中を混乱に陥れても、反省することはない。

Ｂ層はなぜこうしたいかがわしいものに何度も騙されるのか？

悪質な宗教と同じ

現状に不満があり、将来が不安だからでしょう。かといって、判断の責任を引き受ける気力もない。

そこで彼らは権威や強いリーダーを求めるようになる。何ものにも束縛されたくないと言いながら、束縛されたくてたまらないのだ。

イギリスの政治哲学者マイケル・オークショットは、西欧近代は二つのタイプの人間を生み出したと言います。一つは判断の責任を引き受ける「個人」であり、もう一つは「できそこないの個人」。要するに大衆です。彼らは前近代的な社会的束縛を失い、自由になった半面、不安に支配されるようになった。過去に「理想」を見いだそうとしても、前近代的な共同体はすでに消滅している。彼らは自己欺瞞と逃避を続け、自分たちを温かく包み込んでくれる「世界観」、「疑似共同体」、正しい道に導いてくれる「強力なリーダー」を求めるようになった。

ある種の政治家はこのニーズを利用する。理想の未来を提示し、「改革気分」を煽れば、B層はコロッと騙される。

彼らは自分たちが主体的に判断しているつもりだが、選択肢はあらかじめ用意されている。

小池の独裁者まがいのやり方も、B層はリーダーシップと勘違いする。

全体主義は上から下への権力の一方的な行使ではない。強いリーダーに縛られたい大衆の願望とそのニーズを利用する政治があって成立する。彼らが求めているのは「気分」である。大衆はデマに不感症になり、訳知り顔で「政治家なんて嘘をつくもの。青くさいことを言うな」などと言いだしたりもする。

小池は「希望の党」結党の会見で「日本をリセットする」と発言。「大きなところで『改革』ということ、『保守』ということを確認するという意味でのリセットだ」などと説明していたが、ほとんど社会を解体するカルト勢力の発想だ。

漫画『ドラえもん』に、「どくさい(独裁)スイッチ」という話があります。これは未来の独裁者が開発した秘密道具で、気に入らない人間を自由に消すことができる。のび太は、いじめっ子のジャイアンを消し、最後には「みんな消えてしまえ！」と叫んでスイッチを押す。すると、本当に誰もいなくなってしまい、のび太は途方に暮れる。のび太が後悔し、反省していると、ドラえもんが現れ、実はこれは独裁者を懲らしめるための道具なんだと真相を告げる。いい話ですね。

世の中には変えていいものもあれば、いけないものもある。当たり前の話です。そして、先人たちの営みの中で長い歴史的な時間をかけて生成され、積み上げられてきたもの、常識や習慣や制度には、一見、非合理的に映ったとしても何らかの意味があると考えるのが正常な人間です。

「改革」は便利なキーワードです。失敗したら、それは改革が足りないからだと言い逃れできる。だからもっと改革を進めろと。これは悪質な宗教と同じです。救われないのは信心やお布施が足りないからだ――と。

そろそろ正気を取り戻しましょう。あんなものに熱狂する暇があるなら、『ドラえもん』を熟読したほうがいい。

第二章

だから何度も言ったのに

だってだって女の子なんだもん

ホストに貢ぐ女は「騙されている」という自覚がないらしい。夢中になり周囲が見えなくなる。お金さえ渡せば、ちやほやとお姫様のように扱ってくれるので、家計が回っていなくても無理してしまう。家族や友人が「騙されているよ」と忠告しても耳を貸さず、逆ギレする。フラれそうになったら「新たなアプローチ」を図る。

安倍晋三のメンタリティーも少しこじらせてしまった思春期の女の子のような感じがする。キャピキャピはしゃいだり、ちょっとしたことで機嫌を損ねたり。ボールを投げるときは女の子投げだし、走るときはルンルンと両手を前方で振る女の子走りだし。

ロシアのプーチンさんに会える！

浮き立った乙女は、北方領土の元島民らと首相公邸で面会（二〇一六年一二月一二日）。日露首脳会談において「私の世代で、この問題に終止符を打つ」と鼻息を荒くし、逆にプーチンに終止符を打たれた。その場の思いつきで外交をするので、甘い言葉に惑わされ、ドンペリのシヤンパンタワーをやってしまう。

かつてアメリカで「もはや国境や国籍にこだわる時代は過ぎ去りました」と言い放った安倍だから本当に気にしていない可能性もあるが、三〇〇〇億円を貢がされた挙句、北方領土はロシアの法の下にあるという話になりそう。さすがは「外交の安倍」ですね。

アニメ『キャンディ＝キャンディ』の替え歌を以前作ったので貼っておきます。

〽国境なんて気にしないわ
橋下だってだってだってお気に入り
竹中平蔵大好き
アメリカロシアも大好き
わたしはわたしは
ギブミーキャンディ

ロシアに貢いだ安倍晋三

安倍の地元山口県で行われた日露首脳会談に、プーチンは二時間四〇分も遅刻（二〇一六年一二月一五日）。来日直前には日本の経済協力と領土問題は無関係と明言した。サンクトペテルブルクで外相の岸田文雄と会談したときも二時間遅刻（二〇一六年一一月二日）。一六日の首相官邸の昼食会もプーチンの遅刻でお流れに。一生懸命用意した料理。そこに連絡が入る。

「オレ、遅れるから一緒に食えないよ」

「待つわ」という曲もありましたね。

〽　悲しいくらいに私
　いつもあなたの前では
　おどけて見せる道化者
　（中略）
　待つわ　いつまでも待つわ
　たとえあなたが
　振り向いてくれなくても

二〇一五年九月二九日、ニューヨークでプーチンと安倍が会談。このときは安倍が少しだけ遅刻したが、会場に入るなり満面の笑みを浮かべ、キャピキャピの女の子走りで、プーチンに駆け寄った。このときの映像が中国のネットで拡がり、「かわいい」「まるで秋田犬」などと話題になった。恥晒しの一言である

でもこういうダメな女の子が好きなオタクもいるんだよね。要するに安倍はB層のアイドル。どんなにバカな発言をしても、「かわいい」ということで許される。「オレたちが安倍ちゃんを守るんだ」「安倍ぴょんの他に誰がいるんだ」というわけだ。自民党の衆院議員は二九〇人くらいいるのだから、これは自民党を全否定するような侮辱だけど、ファンクラブのミジンコ脳は気づくこともない。恋は盲目か。

ロシアに貢いだ夢見る少女は、「特別な制度のもとでの共同経済活動などについて、率直かつ突っ込んだ議論を行うことができた」と自画自賛。テレビ番組を梯子して口封じに勤しんだ。

副総裁の高村正彦は「四島の解決が緒についた」と相変わらずのボケ老人ぶり。もっとも自民党内の「爺や」たちも御転婆をかばいきれなくなったのか「国民の大半はがっかりしている」（二階俊博・自民党幹事長）との声も出てきた。

安倍の目には世界は少女マンガ『ベルサイユのばら』のように映っているのだろう。

「プーチン大統領、ウラジーミル。ようこそ、日本へ。日本国民を代表して君を歓迎したいと思います」

大きく見開いた安倍の目はうるうる。会見では体をくねらせながら「ウラジーミル」「君」と繰り返した（二〇一六年一二月一六日）。ひたすら「信頼」するのも乙女の意地。

安倍のなでしこぶりに逆にロシアが驚愕。日本が北方四島の主権問題を棚上げし、共同経済活動の開始に合意したことについて、ロシア国営テレビ局は「歴史的」と表現（二〇一六年一二月一五日）。別の番組は「これは当然、衝撃的だ。なぜならば日本はこれまで、そのような活動に参加することは、島における日本の〝主権なるもの〟に疑義を唱えるものになると考えていたからだ」と報じた。

また、ロシア記者団が「ロシアの法に基づいて共同経済活動を行うということに、日本側は抗議をしなかったのか」と質問すると、ペスコフ大統領報道官は「（四島の）主権問題は一切話し合われなかった。ロシア側の主権に議論の余地はないからだ」と回答。お花畑で暮らす少女に外交は無理だった。

日本政府はこれまでロシアに対し、どのような工作を仕掛けてきたのか。官房長官の菅義偉は、プーチン来日に合わせて秋田犬の贈呈をロシア側に打診。パンダ外交ってやつですね。しかも、きっぱり断られた。バカですか。

活動的なバカ

女心と秋の空。意中の男は一人ではない。「地球儀外交」などと甘酸っぱいことを言いながら、トランプにも尻尾を振っていた安倍が、米政府から叱られていた。「トランプ氏はまだ大統領ではない。前例のないことはしないでほしい」と強い異議が日本政府に伝えられ、トランプとの夕食会は中止に。ペルーで開催する予定だったオバマとの日米首脳会談も吹っ飛んだ。

〽 国益なんて気にしないわ

はじめての経験はドキドキしちゃう。初キッス、初体験、そして初訪問。ハワイの真珠湾にも初訪問しちゃう。戦後政治の総決算なんだから。でもよく調べたら、吉田茂も鳩山一郎も岸信介も真珠湾に行っていたというオチ。ゲーテは「活動的なバカより恐ろしいものはない」と言ったが、バカと犬には紐をつけておかないとダメですね。オバマの広島訪問とのバーター取引ともいわれているが、寝言にも程がある。市街地を狙った大量虐殺と単なる奇襲攻撃（諸説あり）を同列に扱うことはできない。

真珠湾訪問をアメリカに打診したのは日本政府だが、安倍に不信感を持つライス大統領補佐官は反対。これに安倍親衛隊は黙っていなかった。ファンクラブの会報の見出しは「首相は『戦後政治の総決算』を模索し続けた…そこに横やりを入れたのはオバマ側近のあの女だった」（「産経新聞」二〇一六年一二月七日）。すごいよね。曲りなりにも公の新聞が他国の大統領補佐官を「あの女」呼ばわり。「オレたちのアイドルをいじめるな」と。恋は盲目。

二〇一六年末にはいろいろあったらしい。和田アキ子とＳＭＡＰがＮＨＫの紅白歌合戦に出るとか出ないとか、ＡＳＫＡと成宮寛貴が薬物疑惑でどうしたとか。こういうの本当に興味ないんだよね。タレントが何をしようがどうでもいい。むしろ夢中になってワイドショーを見て、憤慨している人に興味がある。自分たちの首を絞めるような愚策が次々と実行されているのに。まあ、あの手のニュースは愚民の思考をストップさせるためのエサなんだろうけどさ。

米海兵隊の新型輸送機ＭＶ22オスプレイが沖縄県名護市沖に墜落し、大破した（二〇一六年一二月一三日）。政府はこれを「不時着」と表現。米海軍安全センターが事故の規模を最も重大な

「クラスA」に分類し、機体がバラバラになっているのに、意味不明。

米軍はオスプレイの飛行を停止したが、同月一九日から全面再開。原因究明もロクにせずに飛ばしたのはもちろん安倍が許可したからである。

沖縄県副知事の安慶田光男は、在沖米軍トップのローレンス・ニコルソン四軍調整官と面会（二〇一六年一二月一四日）。安慶田が抗議すると、ニコルソンは机を叩き「県民や住宅に被害を与えなかったことは感謝されるべきだ」「政治問題にするのか」「抗議書にパイロットへの気遣いがあってもいいのではないか」と声を荒げたそうな。沖縄県民も大変ですね。国のトップが思春期だから。

国会党首討論では民進党代表の蓮舫が、「息をするように嘘をつく」と安倍を批判（二〇一六年一二月七日）。これにネトウヨやその類の評論家が食いついた。自民党の佐藤正久はツイッターに「極めて失礼な発言だが、そもそも二重国籍問題で説明が二転三転し、戸籍謄本を開示していない蓮舫代表に総理も言われたくないだろう。皆さんどう思いますか？」と投稿。

蓮舫が嘘つきという話と、安倍が嘘つきという話は何の関係もない。蓮舫が嘘をついていれば安倍の嘘が免罪されるわけでもない。この手の小学生みたいな大人が増えましたね。

フェイスブックに「『民主党は息を吐く様に嘘をつく』との批評が聞こえてきそうです」と投稿した安倍にはなにも言わないのか。あのヒゲのなんちゃらは。

カジノ人脈の闇

橋下徹もこの騒動に便乗。「これが事実なら民進党蓮舫さん、人格攻撃はよくないよ。人を嘘つき呼ばわりしたら、蓮舫さんなんか二重国籍問題ではバリバリの嘘つきだ。国民はしっかり見ている」とツイッターに書き込んだ。二重国籍どころか、二重行政という大嘘を垂れ流し、竹山修身堺市長や平松邦夫元大阪市長らに人格攻撃を繰り返し、捏造グラフで国民を騙した詐欺師がよく言うよ。

都庁にもこじらせた女子がいる。小池百合子は「立ち食いステーキ」を食べている写真をツイッターに投稿（二〇一六年一二月一〇日）。「200グラムのサーロインでパワーアップです」とのこと。相当追い詰められているのでしょう。トピックを次々と打ち出す手法は維新の会と同じだが、他にアピールすることはないのか。小池が主宰する「希望の塾」の塾生のうち、国政や首長、地方議員の選挙への出馬希望者は約三〇〇〇人に上るという。全員出ればいい。バカバカしい。

国民の七割が反対している統合型リゾート（IR）整備推進法案（カジノ法案）が、自民党、公明党の一部、維新の会により押し通された（二〇一六年一二月二日）。日本のシンガポール化を進めるいかがわしい勢力にわが国は乗っ取られたようだ。橋下は「ここ（大阪）にカジノを持ってきてどんどんバクチ打ちを集めたらいい」（二〇〇九年一〇月二六日）、「小さい頃からギャンブルをしっかり積み重ね、全国民を勝負師にするためにも、カジノ法案を通してください」（二〇一〇年一〇月二八日）と語っている。超党派の「国際観光産業振興議員連盟」（カジノ議連）に所属する議員にはギャンブル業者からカネが流れている。平沼赳夫の資金管理団体は、パチスロ・パチンコ大手のセガサミー社から個人献金を受けているが、そこの役員は橋下の友人で大阪府教育長になりパワハラ問題で辞職した中原徹だ。わが国の闇は深い。

安倍はカジノ法案に慎重だった公明党が採決を容認し、自主投票で臨んだことについて「公明党が困難な中でよくやってくれた」と評価（二〇一六年一二月二日）。蓮舫から「ギャンブル依存症のメカニズムは未解明で、治療法は確立されていない。なぜ強行採決に踏み切ったのか」と批判されると、「ビジネスや会議だけでなく家族で楽しめるのがＩＲだ」と意味不明の答弁でごまかした。

朝日新聞は「質問にまともに答えない。聞かれた趣旨とずれた発言を長々と続ける。45分という党首討論の時間が過ぎるのを待つかのような、安倍首相の姿勢にあきれる」と書いていたが、最初から議論するつもりはなかったようだ。自民党の谷川弥一は質疑の最中に般若心経を唱え始め、解説を始めた。

「『般若波羅蜜多』は『般若』は知恵、『蜜多』は行く、『波羅』が彼岸、『幸せになるための道』ということなんです。『どうしたら幸せになるの?』といったら『無念無想で生き抜け』ということなんです」

「幸せになるための道」がギャンブルか。仏罰が当たるよ。

トゥインクル、トゥインクル。クリスマス・イブは大切なダーリンのために空けておくの。だってカジノを作る代わりに改憲に協力してもらうんだもの。安倍と橋下は都内で会談(二〇一六年一二月二四日)。菅義偉と松井一郎も同席した。日本人、いつ正気に戻るんだろう?

グローバリゼーションという病

経産官僚、評論家の中野剛志が『富国と強兵　地政経済学序説』を上梓(二〇一六年一二月九日)。快挙。現在の世界の混迷を、地政学や経済学の膨大な先行研究を参照しながら読み解いていく。近現代史としても、イデオロギーに溺れた戦後日本人の精神史としても読むことができる。これは今の腐り果てた世の中に対する中野なりの壮大な「嫌がらせ」だろう。六三八ページの大著で内容は高度だが、基礎的なところから丁寧に説明されているので大学生程度の日本語読解能力があれば理解できるだろう。これを一番読まなければならないのは安倍や閣僚、その周辺の学者なんだろうけど無理だろうな。バカを啓蒙するのは時間の無駄。だとしたら未来ある若者たちが読むべき。

中野はエスタブリッシュメントが共有するイデオロギーの誤りを指摘する（『東洋経済オンライン』二〇一六年一二月九日）。たとえば次のような「妄想」は、冷戦後、広く流布している。

《世界は、グローバリゼーションという不可避・不可逆の潮流の中にあり、国家主権はますます制限される。モノ、カネそしてヒトはやすやすと国境を越えて移動するようになる。国家はもはやそれらを管理できないし、すべきでもない。なぜなら、グローバリゼーションは、各国に経済的な繁栄をもたらす最善の道であるのみならず、より平和な世界をもたらすからだ。つまり、経済的な相互依存が高まることにより、国家間の戦争はもはや割に合わないものとなるのである》

だが現実には、あらゆる指標がグローバリゼーションの終焉を示している。

《この20年間、グローバリゼーションが進められたことで、英米をはじめとする先進諸国の実質賃金は伸びなくなり、労働分配率は低下し、格差は著しく拡大した》

《グローバリゼーションは経済的繁栄を約束しないというだけではない。それがより平和な世界をもたらすというのも間違いである》

失敗を認めなければならない世界史の転換期に、冷戦期で思考停止した女の子たちが逆噴射しているのがわが国の現状だ。お花畑で夢を見ていられる時代はすでに終わったのにもかかわらず。

科学哲学者のマイケル・ポランニーが「暗黙知」という言葉で説明したように、発見は啓示ではない。暗黙のうちに直感し、信念により全体にたどり着く。そうなった後に全体が部分を規定していたことに気づく。『富国と強兵』で言及されるピーター・グルヴィッチの「逆第二イメージ」は、「国家が国際関係を決定する」のではなく「国際関係の圧力が国家を規定する」というイメージの転回を指すが、中野が目指したのも従来の素朴（であるがゆえに悪質）な貨幣観、国家観、政治観、戦争観を全体の中に置き直すことだった。

世の中には目の前にあるものが「見える」人間と「見えない」人間がいる。フランス革命の初期の段階で、つまり独裁が始まる前に、ゲーテもエドマンド・バークもそれが投機家によるいかさまであることを見抜いていた。二〇代のアレクシ・ド・トクヴィルは、「新しい形の専制」、すなわち全体主義の到来を予言した。文化大革命が発生した段階で、それが毛沢東による権力闘争であることを見抜いている人もいた。

では「見えない」人間、われわれ凡人はどうすればいいのか。「見える」人間に学べばいいのだ。少なくとも現実から目を背けないことだ。


安倍は講演で日露首脳会談で合意した経済協力の意義について「日本人とロシア人がともに働く中で理解と信頼が深まれば、北方四島を『対立の島』ではなく『共存の島』にできる」「政治も外交もリアリズムが大切だ」と発言（二〇一六年一二月二〇日）。対米、対露、対中国、対韓国……。リアリズムが欠如しているから政治も外交も失敗しているのにね。

結局、安倍は愛に飢えているのだと思う。だから意固地になっちゃう。特に女性議員から批判されると傷つく。だって、女の子なんだもん。安倍の暴走を止めることができるのは新しい「ダーリン」だけかもしれない。

竹中平蔵とワクワク勢力

ドナルド・トランプが第四五代アメリカ大統領に就任した（二〇一七年一月二〇日）。就任演説でトランプは「アメリカ第一主義」を掲げ、アメリカの国益を最優先にする姿勢を鮮明にした。

「われわれは権限をワシントンからあなたたちアメリカ国民に移行する。忘れられていた人たちがもはや忘れられることはない」

「アメリカは再び勝利する。雇用を取り戻し、国境を回復し、富を取り戻す。そして夢を取り戻す」

就任式直後には、選挙中の約束どおり、環太平洋連携協定（TPP）からの離脱を表明。それはそれでいい。問題は、わが国の中枢に「アメリカ第一主義」を掲げるお猿さんたちがいることだ。

トランプが保護主義と製造業の復活を唱える中、安倍がやろうとしているのはカジノと移民政策。「国境や国籍にこだわる時代は終わった」らしいが、この先、完全にアメリカに食い物にされるのだろう。トランプは「日本は公正ではない」と繰り返しており、極端な市場開放を求めてくるのは目に見えている。

安倍は衆院予算委員会で「粘り強くＴＰＰの働き掛けを行っていくが、経済連携協定（ＥＰＡ）、自由貿易協定（ＦＴＡ）は全くできないということはない」と述べ、二国間交渉を排除しない考えを示した（二〇一七年一月二六日）。最初から股を開いているんだから仕方がない。いいんですかね、日本人の皆さんは？

自民党の小泉進次郎は、トランプ大統領誕生のニュースを見て「とうとう、日本人の底力が試される時代がきたぞ、と」ワクワクしたという（「朝日新聞デジタル」二〇一七年一月一六日）。すがすがしいほどのバカですね。今回見えたのは「日本人の底」だろう。

わが国には「ワクワク」という勢力が存在する。竹中平蔵は著書『竹中流「世界人」のススメ』で「私の改革思想はワクワク感なんです」と書いているが、竹中を「愛国者」と称える安倍も信者の一人である。

安倍は年頭所感（二〇一七年一月一日）で、「新たな国づくりを本格的に始動する」と宣言。同日のニッポン放送のラジオ番組で、「デフレだとワクワクしない。今年よりも来年がよくなっていくという中で、ワクワクしていく日本をつくっていくことが今年の新たなテーマだ」などと語っていた。デフレから脱却する前に、変な宗教から脱却したほうがいい。

「ワクワク」一派は言動も似たり寄ったりである。

「四年後へのワクワク感を共有していきたいと思います」小池百合子

「ワクワクする選挙になることは間違いない」橋下徹

「ワクワクする政治をつくる」蓮舫

政治が最も遠ざけなければならないのは、浮ついた気分である。

パンツを盗む人間

アメリカのTPP離脱を思いとどまらせると安倍が騒いでいた日に、トランプは離脱を表明。安倍は大統領就任後のトランプにすぐに会いたいと全力で尻尾を振っていたが、イギリスとの首脳会談（二〇一七年一月二七日）などが決まる中、日本は放置プレイ。やっとアメリカから来た回答は「麻生太郎を同行させるように」だって。「お父さんと一緒に来なさい」と。ガキの使いかよ。連中も早晩、ワクワクできなくなるだろう。

そのお父さんは、福岡県飯塚市の成人式で挨拶し「婦女暴行・殺人・恐喝・薬、これまではパクられて『少年A』で済んだが二〇歳から必ず名前が出る。それが二〇歳と未成年の違いです」と発言（二〇一七年一月一〇日）。安定の品のなさ。

トランプ就任演説の日（日本時間一月二一日）、世界各国に緊張が走る中、わが国ではお笑い芸人狩野英孝の会見に注目が集まっていた。未成年者と淫行したとかしないとかで、メディアは鬼の首をとったかのように大騒ぎ。くだらない。

淫行といえば、橋下徹が淫行問題を起こして謹慎中のお笑い芸人山本圭壱に、ツイッターで「再チャレンジの機会が与えられるのは当然だ。山本さん、頑張って！」「日本社会は取り返しのつかない罪を犯した者にも再チャレンジを認めている」などとエールを送っていた（二〇一五年一月五日）。

橋下はいわゆる「大阪都構想」の住民投票（二〇一五年五月一七日）直前になると、「僕も住民投票で否決されたら政治の世界から一切ひきますよ」「最後のチャンス」「このワンチャンスだけ」「ラストチャンス」などと言い始めた。しかし、住民投票で否決された七カ月後にはおおさか維新の法律政策顧問にもぐり込み、維新の会は現在ほとぼりも冷めたとばかりに、再び住民投票をやろうとしている。連中は、嘘、デマ、プロパガンダを垂れ流し、住民を騙し、大阪市の財産と権限を掠め取ろうとした。日本社会は「取り返しのつかない罪を犯した者」に再チャレンジを認めてはいけないのだ。

パンツをかぶりたがる人間がいれば、パンツを盗む人間もいる。高木毅前復興相がパンツ泥棒だったと週刊誌で報道された件。自民党福井県連会長の衆院議員山本拓は、県連の独自調査の結果、高木が女性宅に侵入し現行犯逮捕されていたことを認めた（二〇一七年一月一三日）。記録は存在し、逮捕後に示談になったとのこと。

高木は国会で報道は「事実無根だ」と言っていたが、虚偽答弁なら大きな問題だ。自民党は衆院運営委員会理事会で、「そのような事実（逮捕）はない」という統一見解を出したが、どちらかが大嘘をついているということだ（どちらが嘘つきかは容易に想像がつくけど）。

なお、高木が事件を起こしたのは三〇を過ぎてから。若気の至りなどではない。次に狙われるとしたら高市早苗のズロースだろう。

維新の会の市議山本修広が政務活動費でリースしたコピー機を使い、経営する印刷会社の業務を行っていた件。代表の松井一郎は「政務活動費の透明性は口酸っぱく言ってきた中で の、そういうことをしたという事実があれば、政治家辞めたほうがいい」（二〇一七年一月一一日）

などと言っていた。だったらまずお前が辞めろ。

旧維新の党に支給された政党交付金は、二〇一五年の分裂騒動のときに国庫に返納されることになっていたが、これは世間の目を欺くため。実際には「なんば維新」というダミー団体にカネを移し、おおさか維新の会の支部に還流していた。判明しただけで金額は約八七〇〇万円に上るが、政党交付金としての使途の縛りもなくなるわけで、悪質なロンダリングである。「身を切る改革」って何の冗談ですか？

慰安婦合意の真相

韓国もグダグダ。「政権批判の文化人を『ブラックリスト』で排除」だって。韓国も日本みたいな国になってきた。いや、日本が韓国みたいな国になったのか？

慰安婦像がどうしたこうしたと騒いでいるのもバカな話。日本政府は、釜山の日本総領事館前に慰安婦像が設置されたことへの対抗措置として、駐韓大使と釜山総領事を一時帰国させた（二〇一七年一月九日）。

慰安婦合意について安倍が「一〇億円を拠出しており、韓国政府は誠意を見せるべき」と発言したことに韓国メディアは反発。中央日報（電子版）は、一〇億円を返還し、日韓合意の無効を訴える政治家の意見を掲載。また、前国連事務総長の潘基文は、慰安婦像撤去と関連するなら、「一〇億円を返したほうがいい」と述べた（二〇一七年一月一三日）。

これは韓国メディアや潘基文が正しい。韓国国内でしっかり手続きを踏み、早急に一〇億円を日本に返し、日韓合意を破棄すべきだ。

「韓国に対する日本政府の強気な対応が素晴らしい」などと喜んでいるミジンコ脳もいるようだが、日韓基本条約を蒸し返し、日韓政府が裏ですり合わせた河野談話を踏襲し、「不可逆的」に歴史を裁断したのは安倍である。

簡単に経緯を書いておく。

一九九一年に日本政府が調査を始めたところ、二百数十点に及ぶ公式文書に慰安婦の強制連行を示す資料は一つも見つからなかった。にもかかわらず、官房長官の河野洋平は、慰安婦連行に強制性があったとする「河野談話」を発表。

その後、談話作成に関わった石原信雄元官房副長官の証言により、韓国政府が選んだ元慰安婦一六人からの聞き取り調査だけで強制連行を認めたことが明らかになった。

談話作成には韓国が直接関与。当時の政府関係者らの証言によると、日韓両政府は談話の内容や字句、表現に至るまで発表の直前まで綿密にすり合わせていた。聞き取り調査の結果は、在日韓国大使館に渡され、韓国側は約一〇カ所の修正を要求。日本政府は公式事実認定においても、韓国の修正要求を受け入れていたことになる。

当時河野は「この問題は韓国とすり合わせるような性格のものではありません」と発言していたが、大嘘だった。要するに、自民党と韓国政府は日韓両国民を騙したのだ。

安倍は河野談話のいかがわしさを知りながら、権力を握ると「河野談話を見直すつもりはない」と表明。オバマの前で「河野談話は継承し、見直す考えはありません」（二〇一五年四月二八日）と述べ、「戦後七〇年談話」で河野談話を引き継ぐことを日本政府として確定させた。

私は「軍による強制連行はなかった」などとネトウヨのようなことを言いたいのではない。慰安婦として働かざるを得なかったという点では広義の強制性はあったし、記録に残っていないだけで実際に強制連行はあったかもしれない。しかし、後世の人間の政治的判断により歴史を確定するのは、政治の越権であり歴史の冒瀆以外の何ものでもない。

天皇陛下を茶化した安倍晋三

ＮＨＫ会長の籾井勝人が最後の定例会見を行った（二〇一七年一月一九日）。籾井といえば、就任会見で「政府が右と言っているのにわれわれが左と言うわけにはいかない」と発言して問題となったが、この日の会見も支離滅裂だった。「破裂しそう。気分が悪い。たぶん大丈夫」

などと言いながら同じ文章を何度も繰り返して読んだり、二〇一七年度の予算について「鉄鉱石も下げ止まっており」と三井物産副社長時代と混同したり、三年で終わった任期を八年と言ったり。横浜放送局の職員が部の運営費を着服した不祥事については「何かがおかしいから犯罪の歴史になっている」と発言。広報が訂正に回った。

政治との距離については「NHKって、ある程度政治との癒着関係ではないですが、そのへんの一つ二つあるわけですよ。NHKのためになるのであれば、やぶさかでないと言える」と発言。

会見後、NHKの広報は「インフルエンザだった」と記者クラブに謝罪したが、高熱のせいで本音をしゃべってしまったのだろう。

籾井が言うように、メディアと政治の癒着は常態化している。北朝鮮と同じような政権べったりの報道機関もあるようだが、メディアとしての最低限のモラルを維持できないなら、廃業したほうがいい。ただ一部のメディアは皇室に不敬な態度をとり続ける安倍の正体に気づき始めたようだ。

デモクラTV代表・元朝日新聞編集委員の山田厚史は、「安倍首相は保守の政治家なのに天皇を粗略に扱っている、というイメージが形成されつつある。被災地や戦争の傷跡を訪問され、国民や平和な世の中に寄り添おうとする天皇の姿勢は人々の静かな共感を集めている。『安倍か、天皇か』という選択になれば、天皇に軍配を上げる人が多いのではないか」と正論を述べていた（「ダイヤモンドオンライン」二〇一七年一月一九日）。

日本人の九割以上は皇室を大切に思っている。メディアで働く人間も、やはり日本人なのだ。

『週刊現代』もきちんとしたことを書いていた。亀井静香が政治資金パーティーで安倍の「思い」を明かしたことを紹介。

「総理は、こんなふうに（亀井氏、杖をつく素振りをする）陛下の真似をして『あんなことまでして、本当に危ない』と言っていました」（「新聞・テレビが報じられない天皇陛下『安倍総理への不満』」二〇一七年一月一四日・一月二一日号）

安倍が天皇陛下のものまねをして茶化したという話は、すでに『月刊日本』（二〇一六年一二月号）で、毎日新聞編集委員の伊藤智永が紹介していた。

「ある有力政治家の話ですが、彼が官邸の総理執務室で安倍さんと生前退位の話をしたら、安倍さんはカーペットに膝をつきながら、『こんな格好までしてね』と言ったらしいのです。ちょっと何て言うか、天皇陛下が被災者の方々に寄り添うお姿を、そういう風にちゃかしてみせるというのは……。信じがたいですね」

『週刊現代』は記事で安倍を批判する。

「こうした安倍総理の不敬な心根は、その後の行動にも表れている」

「まさに、結論ありきのお手盛り有識者会議。正面からの議論を避け、国民の目の届かない場所で自分の思いを通すのが『官邸のやり方』だ」

安倍は自分が王様にでもなったつもりなのだろう。皇室に対し正気の沙汰とは思えない嫌がらせを仕掛けてきた。

政府は、二〇一九年一月一日に皇太子殿下を新天皇に即位させる案を検討。これには宮内庁も反発した。西村泰彦次長は「困難」との見解を示していたが（二〇一七年一月一七日）、彼は二〇一六年八月の天皇陛下の「お気持ち」表明に反発した官邸が報復人事で宮内庁に送り込んだ人物でしょう。それでも一応は筋の通った説明をしている。つまり、どれだけ安倍が異常であるかという話。

元日には早朝から「四方拝」が行われる。国の安寧や五穀豊穣を祈る儀式だ。それ以外にも、皇族や首相、閣僚、衆参両院の議長、最高裁長官らの挨拶を受ける国事行為の「新年祝賀の儀」などがある。

一方、新天皇の即位に際してはさまざまな儀式が必要になる。元日に同時に行うのは不可能だ。

また、政府は、新天皇が即位する半年から数カ月程度前に新元号を発表することを計画している。その理由はカレンダーなど印刷物の都合らしい。

要するに、元日に新天皇を即位させれば、改元のタイミングとして手間が省けるというわけだ。どれだけ皇室をバカにすれば気が済むのだろう。日本人もナメられたものですね。もし安倍が皇室を潰しにかかったら、日本人がとるべき行動は一つしかないということをきちんと確認しておくべきでしょう。

「慢心しきったお坊ちゃん」

国や社会を解体しようとする勢力が、いつも同じ衣装をまとっているとは限らない。連中もそれほどバカではない。売国勢力は愛国者を装い近づいてくる。それに気づかないのがネトウヨや自称保守という情弱。

安倍は国会答弁で「云々」が読めず、「でんでん」と言っていた（二〇一七年一月二四日）。要するに日本語に対する愛がない。オバマの広島訪問の際には「原爆でたくさんのシイの方が亡くなった」。何かと思ったら「市井」だった。「すべからく」は「すべて」の意味で誤用するし、画一的を「ガイチテキ」と読んだという噂もある。ガセとも思えないのが怖いところ。もっと怖いのは与えられたペーパーを何も考えずに読んでいたことだ。文章の意味を追っていたら「でんでん」という言葉が出てくるはずはない。

なお「でんでん現象」というものが存在するらしい。評判の悪いアニメは回を追うごとに視聴者が減り、熱狂的な少数のファン（信者）による絶賛意見だけが残る。その結果、評価が高いアニメのように誤認される現象とのこと。テレビアニメ『伝説の勇者の伝説』が由来とのことだが、安倍が「伝説」になる日も近い。

安倍は地元・山口県下関市で「時には長州男児の肝っ玉をお見せしましょうかと思うときもありましたが、平常心、平常心、自分に言い聞かせながら日々仕事をしています」と挨拶（二〇一七年一月九日）。

東京生まれの東京育ち。成蹊小学校、成蹊中学校、成蹊高等学校を経て、エスカレーターで成蹊大学に行ったもやしっ子の目には何が映っているのだろうか？

スペインの哲学者オルテガ・イ・ガセットは「指導者にすべきではない人間」をこう描写した。

《わたしは、この危惧すべき下降傾向は、「慢心しきったお坊ちゃん」のこの上もない異常さのうちにありありとうかがえると思う。というのは、「慢心しきったお坊ちゃん」とは、自分の好き勝手なことをするために生まれてきた人間だからである。実は、「良家の御曹子」はこうした錯覚にとらわれるものである。その理由は、すでに周知のごとく、家庭内においては、いっさいのものが、大罪までもが最終的にはなんの罰も受けずに終わってしまうからである。（中略）しかし「お坊ちゃん」は、家の外でも家の内と同じようにふるまうことができると考えている人間であり、致命的で、取り返しがつかず、取り消しえないようなものは何もないと信じている人間である。だからこそ、自分の好き勝手にふるまえると信じているのである》（『大衆の反逆』）

そのまま安倍晋三である。

森友学園事件は映画化すべし

大阪の学校法人「森友学園」および安倍晋三記念小学校の件、連日いろいろありすぎて、短くまとめても単行本一冊くらいになりそうなので、気になったところだけ述べておきます。大きく括ると、人生模様ですよね。嘘をつく奴、昨日までの仲間を平気な顔で裏切る奴、ごまかそうとして墓穴を掘る奴……。昔『点と線』という小説がありましたが、いかがわしい連中は一本の線でつながっている。メンタリティーが一緒なのでしょう。

事件は現在進行中ですが、国民の財産横流し一〇億円は氷山の一角にすぎず、戦後最大の疑獄事件になるかもしれない。頭のイカれた行政府の長が「私は立法府の長」などと言っていたが、今後、司法府の独立だけは死守しなければなりませんね。それとメディアが正気を維持できるかにかかっている。ネットではロッキード事件に擬《なぞら》えて「アッキード事件」などと揶揄されているが、今回も最高の役者が揃っている。以前私が批判したことがある上西小百合が、維新の会の内情をばらして頑張っているのを見ると、「蜂は一度刺して死ぬ」という榎本三恵子の言葉を思い出しましたよ。

ひと段落したら、映画化してほしい。最初のシーンは夜の赤坂飯店。個室の円卓には各報道局のキャップが集まっている。卓上に置いてあるのは〝ピーナッツ〟。メディアの黒幕は鈴木清順あたりに演じてほしい。あ、鈴木さん死んじゃったのか……（二〇一七年二月一三日。享年九三）。SPは入り口付近で青竜刀を忍ばせている。某国総理役は、女性が演じてもいい。ぽっちゃり系なので、あき竹城とか。某国総理は何を食べても「ジューシー」としか言わない。言質を取られないためだ。「わかるだろ。オレの気持ちを察してくれよ」というわけだ。各報道局のキャップは、それを〝無言の行〟と取り違え、敬服し、忖度する。落語でいうところの「蒟蒻《こんにゃく》問答」だ。そこでは阿吽の呼吸でトカゲの尻尾切りの順番が示される。まず、大阪のカルト幼稚園理事長が切られる。そこで収まらなければ某知事が逮捕される。それでもダメなら共謀罪で押さえ込む。いや、フィクションの話ですよ。そういう映画が仮にあったら面白いなと。

監督は山田洋次にお願いしたい。タイトルは『学校』。一院制と道州制を唱える某国総理は、首相公選制を唱える闇の勢力にカジノ利権を与え、改憲を目論む。総裁の期限を三期九年に延ばした後は、無期限に変更し、北朝鮮のような立派な王朝が完成。そのとき、あらためて某国総理の名前を冠した「学校」の教育が成果を見せる。児童たちは目を輝かせながら、将軍様を称える歌を歌う。映画の主題歌はドアーズの「ジ・エンド」がいい。

安倍晋三記念小学校

簡単におさらいしておく。二〇一三年、国が大阪・豊中市の国有地の取得希望者を公募したところ、森友学園が手を挙げた。二〇一五年、近畿財務局の審議会が森友学園への土地貸付を了承し、借地契約締結。二〇一六年、工事中に地下からゴミが発見される。すると、学園側は土地の「取得」に変更したいと言い出した。国は地下埋設物の撤去・処分費用を約八億円と算定。近畿財務局が依頼した不動産鑑定士が土地の価格を九億五六〇〇万円と査定。翌月、国が土地を森友学園に一億三四〇〇万円で売却。これは豊中市議の木村真が売却価格の情報公開を請求し、不開示を決めた近畿財務局を提訴(二〇一七年二月八日)したことにより、国側が一転して開示したものだ。最終的には森友学園がほぼ無料で土地を取得していたことが発覚した。

気になったところ一点目。土中の廃棄物の撤去費用八億円の根拠がわからない。財務省によると、こうした算定をすること自体、前例がないとのこと。民進党議員の調査チームが売却に関わった近畿財務局と大阪航空局への聞き取り調査をしたが、国側は八億円減額の根拠を示すことができなかった。また、豊中市が現地を調査した結果、ゴミを埋め戻し放置していたことも判明（二〇一七年二月二七日）。学園側は「仮置き」だと反論したが、外堀も埋められたというオチでいいですかね。

気になったところ二点目。二〇一七年四月に開設予定だった「瑞穂の國記念小學院」の名誉校長に就任したのは安倍の女房の昭恵。そこでは「安倍晋三記念小学校」という名前で寄付金集めが行われていた。安倍は、二〇一五年に講演会に呼ばれた昭恵が、講演直前に「名誉校長」になるように籠池理事長から頼まれ、断りきれなかったと説明している。それが事実なら訴訟でも起こせばいいものを、逆に与党は、野党が求める籠池の参考人招致を拒んでいる。何か不都合なことがあるのだろうか？

なお、昭恵は講演会で「籠池園長の本当に熱い思いを何度も聞かせていただいて、この瑞穂の國記念小學院のお役に立てればと思いました」「こちら（森友学園）の教育方針はたいへん主人も素晴らしいというふうに思っていて」と絶賛。

籠池は「(昭恵が就任を)承認されてから紹介をさせていただいた」と述べている(二〇一七年二月二六日)。家庭内ではほとんど接触がないらしいが、有事のときくらい夫婦で口裏合わせしておけよ。

言語不明瞭、意味不明瞭

気になったところ三点目。森友学園運営の塚本幼稚園では二〇一五年の「秋の大運動会」で園児に「首相頑張れ」「安保法制国会通過良かったです」などと言わせていた。

安倍は籠池について「私の考え方に非常に共鳴している方」「妻から森友学園の先生の教育に対する熱意は素晴らしいという話を聞いております」と説明(二〇一七年二月一七日)。しかしわずか一週間後には「パンフレットをちらっと見せられただけ」「学校がやってることの詳細はまったく承知していない」「この方は非常にこだわるというか、そう簡単に引き下がらない人」「非常にしつこい」などと全否定した(二〇一七年二月二四日)。籠池との接点については「電話に代わって話したのが、ほとんど唯一に近い」「個人的にお目にかかったというのは記憶に残っていない」とのこと。

一方、籠池は「5年ぐらい前にPTAの紹介で知り合った。首相になられる前で昭恵夫人と先に知り合って小学校の見学に来てもらい、住吉大社にもご一緒させていただいた」と説明している（『週刊朝日』二〇一七年三月一〇日号）。『週刊新潮』（二〇一七年二月二三日号）は「籠池理事長は、安倍総理が来阪すると、定宿の『リーガロイヤルホテル』に駆け付けることもあった」と親密ぶりを報じていた。確実に言えることは安倍か籠池のどちらかが大嘘をついているということだ。しかし、つい最近まで相思相愛だったわけでしょう。映画の中盤では欧陽菲菲の『ラヴ・イズ・オーヴァー』を使いたい。

〽
Love is over　悲しいけれど
終りにしよう　きりがないから
Love is over　最後にひとつ
自分をだましちゃ　いけないよ

安倍は完全にテンパったようだ。大声を出してみたり、「か、かご、籠池さんですか。私は存じ上げません」などと初めて名前を聞いたような小芝居を打ってみたり。学園のサイトから名誉校長である昭恵の名前および挨拶文が削除されたことを、野党から「隠蔽だ」と批判されると、「失礼ですよ！」「あなたたちはすぐにそうやってレッテル貼りをしようとする」

と逆ギレ。小佐野賢治風に言えば「記憶にございません」といったところか。リクルート事件で追い詰められた竹下登は「言語明瞭、意味不明瞭」といわれたが、安倍の場合、「言語不明瞭、意味不明瞭」だよね。

念のため確認しておく。安倍は「（学園の国有地取得に）妻や私や事務所は一切関わっていない。もしも関わっていたら総理大臣も国会議員も辞める」と言っていたが、仮に本人が知らなくても、妻や事務所が関わっていたら「総理大臣も国会議員も辞める」という認識でＯＫですよね。

二〇一一年に学園側から規制緩和の要望を受けた大阪府は、二〇一二年四月に私立小学校の設置認可の審査基準を緩和。財務局は土地処分を審査する審議会の決定前に「国有地を貸し付けできる見込み」であるとの「内諾」を学園に伝えていた。複数の委員から貸し付けに対する懸念が噴出していたのに、財務局が押し切ったのはなぜか？

大阪府知事の松井一郎は森友学園が建設中の小学校の認可について「金銭の受け渡し疑惑とは切り離して判断すべき」などと他人事のように話していたが、松井は今回の事件の当事者である。

発想が秋元康

しかし、籠池もいい年して愛国ゴッコをやっていたわけで、底が浅いからボロが出る。自民党の鴻池祥肇の事務所に金銭（商品券）を持っていき、突き返されたという話も出てきたが、鴻池は「コンニャクだったか」と発言。

そのコンニャク（一〇〇万円の隠語）が、どこに流れたかは今のところ不明だが、籠池が政治家に賄賂を贈っていたことは確定した。

一部の左翼が、森友学園の幼稚園で教育勅語を朗唱させていたことを批判していた。しかし教育勅語自体は素晴らしい文章だと思う。

そこには「常ニ國憲ヲ重シ國法ニ遵ヒ一旦緩急アレハ義勇公ニ奉シ以テ天壌無窮ノ皇運ヲ扶翼スヘシ」とある。要するに「憲法を重んじ、法律に従いなさい」「皇室の運命を守りなさい」ということだ。で、憲法を軽視し、皇室に対し嫌がらせを続けているのは、どこのどいつなのか？

安倍は森友学園の幼稚園に入園して、人生をやり直したほうがいい。

周辺のバカも騒ぎ始めた。

橋下徹は当初、森友学園問題を「手続き上のミス」に矮小化しようと画策したが、それが通用しなくなると、「大疑獄事件と疑われるのは仕方がない」（二〇一七年三月二日）と言い出した。いずれにせよ逃げ道を探っているのだろう。維新の会幹事長の馬場伸幸は、疑惑を追及される前から森友学園との関係を否定し、墓穴を掘っていた。

会見で同園による児童虐待について問われた松井は「いま大阪府に届いている虐待通報の中で、この学校で虐待があったという通報はありません」と断言。しかし、これも大嘘だった。虐待を受けた園児の保護者は府へ通告している。


一連の事件の本質は何か。

国民の財産が特定の勢力とそのお仲間に流れていたかどうかである。一部のバカがこれ以上なにも証拠は出てこないと言っていたが、現時点で出ている話だけでアウトでしょう。今、必死になって論理をすり替えたり、森友問題と安倍・維新問題を切り離そうと努力している人たちの名前はメモしておいたほうがいい。


東京都知事の小池百合子が、二〇一七年夏の都議選で六四人以上の候補者を擁立するという。小池塾の塾生からリストアップされた候補者は「若くて、美人、高学歴の女性ばかり」とのこと。発想が秋元康だよね。小池は「私と方向性が一緒の人を確保することが、都政の安定につながる」と言っていたが、小池の「方向性」が見えないことが問題になっているのに。話題づくりだけで動いている「維新もどき」だからこんなものか……。

豊洲市場の地下水から環境基準の七九倍の有害物質が検出された件。最終九回目の調査では都の指示により過去八回と異なる方法で採水していたことが発覚（二〇一七年三月四日）。最近の小池の厚化粧は度を超えている。あそこまで顔を真っ白に塗りたくるのは、隠したいことがあるのだろう。それとも、都庁のバカ殿を目指しているのか？

長谷川豊というクズ

広告会社電通の新入社員で過労自殺した高橋まつりさん（当時二四）の母親が首相官邸を訪れ、安倍と面談。実効性のある働き方改革の実現を訴えたそうな（二〇一七年二月二一日）。これ意味あるのかな？

安倍は、ブラック企業の飲食店チェーン・ワタミ会長だった渡邉美樹が従業員に何をやったかを知りながら直々に政界に招き入れた人間である。

防衛相の稲田朋美もすごいことになってきた。南スーダンのＰＫＯに参加する陸上自衛隊の日報で現地の「戦闘」が報告されていた問題で、稲田は「事実行為としての殺傷行為はあったが、憲法九条上の問題になる言葉は使うべきではないことから、武力衝突という言葉を使っている」と発言（二〇一七年二月八日）。要するに、国が憲法違反をやっていると公言したわけだ。深謀遠慮の末の覚悟を持った告発なのか、それとも底知れないアホなのか。政界の〝走る爆弾娘〟の今後に期待したい。なお、稲田は籠池に感謝状を贈っていた。やはり、バカは一本の線でつながっているようだ。

元フジテレビアナウンサーの長谷川豊が、維新公認候補で衆院選の千葉一区に出馬すると表明（二〇一七年二月六日）。落ちるところまで落ちたということでしょう。長谷川は経費の不正使用が発覚しフジテレビをクビに。二〇一六年九月一九日には「自業自得の人工透析患者なんて、全員実費負担にさせよ！　無理だと泣くならそのまま殺せ！　今のシステムは日本を亡ぼすだけだ‼」と題したブログを投稿、批判が殺到し、テレビのレギュラー番組をすべて降板する騒ぎになった。

出馬会見では「（経費の不正使用は）当時の現場レベルでは『ない』とは言えないこと」などと

言い訳に終始。

「政治家を志したきっかけは」と問われると「アナウンサーが言葉でミスをしたならもうアナウンサーには戻れないと思っていた」と答えた。

ふざけるなという話。政治は言葉である。

その後、長谷川は「ネット上で『長谷川は透析患者を殺せと言った』などと大ウソを拡散している人間たちがいますが、（中略）公選法はとても厳しい法律ですので、度を越したら今後は全部被害届を出すつもりです」などとツイート（二〇一七年二月二八日）。

え？

政治家になるならない以前に、市民社会の監視対象でしょう。長谷川は「やれることをやりたい」と言うが、こんな人間が政治家という権限を手にして「やれること」をやったらどうなるか。千葉県民は良識を示してほしい。

殺人を教唆する橋下徹

橋下も殺人を教唆している人物だ。著書『まっとう勝負！』ではこう述べる。

《国が事前に危険な奴を隔離できないなら、親が責任を持って危険な我が子を社会から隔離すればいいんだ。他人様の子どもの命を奪うほどの危険性がある奴に対しては、そいつの親が責任を持って、事前に世の中から抹殺せよ！》

親が危険だと判断すれば、何もしていない子供を殺せというわけだ。判断の基準などどうとでも言えるから、家族内殺人を肯定しているのと同じ。こうした気のふれた連中が野に放たれ、さらには官邸とベッタリつながっているのだから、わが国の闇は深い。

橋下は『新潮45』の記事で名誉を傷つけられたとして、新潮社と筆者の精神科医・野田正彰に一一〇〇万円の賠償を求めていたが、敗訴が確定（二〇一七年二月一日）。野田は「（橋下は）人格障害と言ってもいい」と指摘。橋下の高校時代を知る教諭の「嘘を平気でいう。バレても恥じない。信用できない。約束をはたせない。自分の利害にかかわることには理屈を考え出す。人望はまったくなく、委員などに選ばれることはなかった」といった証言も「真実と信じる理由がある」とされた。

グーグルの元CEOエリック・シュミットが「入国の管理でやったように、邪悪なことをする。それ以外もやるかもしれない」とトランプ政権を批判（二〇一七年一月二六日）。邪悪だと思ったものに対し、「邪悪だ！」と言う姿勢は大切ですね。

男子テニスのリオ・オープンで、錦織圭が初戦で敗退。第一セットを落とすと怒りでラケットを破壊した。これはよくないね。破壊は何も生み出さない。

現在必要なのは、「既得権益を破壊する」という勢力の「既得権益」を炙り出すことだ。メディアと司法が正気を維持すれば、点と線はつながると思う。

COLUMN

新聞社説は害悪

新聞を読めば頭がよくなるというのは、都市伝説というより悪質なデマである。主要全国紙の朝刊発行部数だけでも二三〇〇万部に上ることからもそれは明らかだ。不特定多数の人間に新聞を購読させるためには、下のレベルに合わせるしかない。クオリティーを高めれば、ついていけない読者は離れていく。

新聞がくだらないのは構造的な問題だ。

もっとも新聞批判もワンパターンなものが多い。「新聞は読むところがない」「社説は毒にも薬にもならない」と揶揄すること自体が野暮であり、マクドナルドにまずいとケチをつけても仕方がないのと同じ。

ただし、ここで注意が必要だ。本当に社説は「毒にも薬にもならない」のか？

二〇一六年末の四大紙、朝日、毎日、読売、日経の社説を眺めた限り、そうとは思えない。社説は「毒にしかならない」のである。

社説の構造はどれも同じだ。テーマに関する複数の論点を並べ、きちんと目が行き届いていることをアピールした後、社としての統一見解を述べる。これはいくつかのパターンに分類することができる。
一番多いのは「だからどうした系」だ。
「安全性や効能が確認された薬や治療方法は、みんながその恩恵を受けられる。そんな日本の公的医療保険の良さを残しながら、制度を維持していく方策に知恵を絞らねばならない」（薬価見直し　納得できる仕組みに「朝日新聞」二〇一六年一二月五日）などと当たり前のことを滔々と述べる。
「子どもの実態を最もよくつかんでいるのは、ほかならぬ現場である。（中略）学校そして教員は、目の前の子どもたちに向きあい、それを踏まえた教育を行ってほしい」（新指導要領　現場の不安にこたえよ「朝日新聞」二〇一六年一二月二五日）
「利用する側も、ネットには玉石混交の情報があふれているとの認識を持つことが、改めて求められる」（情報サイト 公共性をどう守るか「朝日新聞」二〇一六年一二月一四日）
「年末に相次ぐ凶行は、改めてテロの脅威と背中合わせにある世界の厳しい現実を物語る。どんな背景であれ、暴力は断じて容認できない」（相次ぐテロ 国際結束の再構築を「朝日新聞」二〇一六年一二月二二日）
いずれも文章化する意味がわからない。

「北朝鮮の核開発の手を止めさせるためには、日米韓を中心とした関係国が、これまで続けた放置の状態を改め、何らかの関与の行動に出るほかない」と奇妙な日本語で主張する朝日新聞の社説のオチは、「積もり積もった不信感を解くのは決して容易ではないだろうが、すべての関係国が努力を尽くす以外、道は開けない」（北朝鮮核問題 現状打破へ対話模索を「朝日新聞」二〇一六年一二月一九日）。小学生の投書ではあるまいし、いい加減にしろよ。

「無責任系」に「放火系」

断トツにアホだったのは、「東日本で地震『怖さ』思い出す契機に」（「朝日新聞」二〇一六年一一月二三日）

「一つ一つの災害に謙虚に学び、個人も企業も社会も着実に対策を講じる。今日にも起きるかも知れない次の災害に備えるには、それしかない」

そんなこと言われても困るよね。

念のため言っておくと、記者の能力が低いのではない。逆だ。大手新聞社に勤めているのは二流のエリートであり、平均的日本人より国語力は高い。だからこそビジネスと割り切り恥知らずな文章を日々量産できるのである。

「今後も見守っていくべきだ」などと結論を宙に投げ出す「無責任系」も多い。それなら最初から黙って見守っていればいいのだが、読者は一緒に問題を見守っている気分に浸ることができる。これは「NHKに何を求めるかを、もっと国民レベルで考えなければならない」（NHK受信料 本格的な値下げ議論を「毎日新聞」二〇一六年一一月二七日）、「将来にわたる『国のかたち』を決めるという自覚を私たちも含め持たねばなるまい」（退位論議の集約に知恵絞れ「日経新聞」二〇一六年一二月二日）といったふうに使う。

似ているのが「したい系」。「カストロ氏の死を機に、理想と挫折が交錯した20世紀の歴史を振り返り、改めて世界の未来を考えたい」（カストロ氏死去 平等社会の夢、今なお「朝日新聞」二〇一六年一一月二七日）。カレーを食いたいと言っているのと同じで、勝手に食ってろという話。

「放火系」は新聞社が騒ぎにしたいものを「注目が集まっている」「今後問題になりそうだ」と煽るタイプ。

一番笑ったのは、「PKO新任務は安全と両立を」（「日経新聞」二〇一六年一一月一七日）。「12月で日本の国連加盟から60年となり、PKO参加も来年で25年の節目だ。危険をいかに最小化しつつ意義ある国際貢献をするかについて、与野党で改めて議論を深めるべき時期にきている」

二五年も経っているのに「議論を深める時期」とはこれ如何に。要するに彼らは四半世紀の間この類のフレーズを使い回してきたのである。

こうしたものが日々世間にばらまかれることで、「空気」や「気分」が発生する。居酒屋では仕事帰りのサラリーマンが、朝読んだ社説の内容を繰り返す。

結果どうなるか。究極の思考停止と無責任社会が完成するのである。

こうした問題にわれわれはどのように向き合えばいいのか。今後も見守っていきたい。

第三章

保守政治の崩壊

ほとんどオウム真理教

稲田朋美の地元福井県に取材に行ってきました。京都から米原経由の「湖東線」に乗り、途中下車しながらゆっくり向かおうと思ったのですが、想像以上に乗り換えが多く、さらに強風のため電車が遅れ、北陸本線の近江塩津駅で四〇分近く足止めをくらった。霰も降ってきて、寒い。結局、敦賀に寄るのはやめ、福井に直行しました。

小雨は降っていたが、たまに日差しがのぞく。早速、養浩館庭園を見に行った。福井の第一印象は、すごくいいところ。駅前の観光案内所のおばさんはとても親切だったし、街を歩く女性は美人が多い。昔、樋口清之という考古学者が、美人が多い県とブスが多い県があると指摘していたのを思い出した。稲田の容姿については言及しないが、なにごとも例外はあるのだろう。

愛国カルトの森友学園に端を発する一連の事件を見ていると、稲田からは強い悪意を感じることができない。少なくとも橋下徹や菅義偉のような狡猾さはない。国会で泣いたり、すぐにバレる嘘をついたり。基本的には、おっとりとしたネトウヨなんだと思う。逆にそれが怖い。周囲にちやほやされているうちに、気が大きくなり、不幸が重なって防衛大臣になってしまった。

稲田は国会で「森友学園の事件を受任したことも、裁判を行ったことも、法律相談を受けたこともない」「（籠池泰典元理事長）ご夫妻が私に法律相談をしていただいたとか顧問をやってもらった、全くのそれは虚偽であります」（二〇一七年三月一三日）と発言したが、虚偽は稲田の側だった。その後、森友学園が起こした民事訴訟に原告側代理人弁護士として稲田が出廷したことを示す記録が見つかり、謝罪に追い込まれている。

稲田の人事に関しては、自民党内でも防衛省内でも不満の声があり、大臣就任前から「地雷」と呼ばれていたが、これを埋め込んだのが安倍晋三。自爆しまくりでしょう。

安倍真理教

菅義偉は、稲田の大嘘について「個人的な活動に関することなので政府としてはコメントを差し控えたい」、進退に関しては「まったく問題ない」と発言（二〇一七年三月一四日）。何があっても「問題ない」のだから、聞くだけ無駄。こいつも一緒に辞めさせたほうがいい。

一連の疑獄を「アッキード事件」と称しロッキード事件と絡める動きもあったが、私はオウム真理教事件を思い出した。教団の動きが先鋭化したのは選挙でボロ負けした後であり、それ以前は市民社会に溶け込む形で浸透していった。大学のサークルやインド料理屋、ヨガ教室……。メディアや学者、物書き連中も面白がり、無責任な発言で擁護した。

現在、ネットに流れている安倍擁護にも同じような雰囲気を感じる。「今回の事件は左翼メディアが捏造したもの」であり、「安倍さんは利用されただけでむしろ被害者」というわけだ。

わーたしーはーやってないー♪

ちなみに尊師を侮辱するとポアされるらしい。自民党国対委員長の竹下亘は籠池に対し「総理に対する侮辱だ。ただざないといけない」と息巻いていたが、要するに証人喚問の法的位置づけを理解していない連中が、「証人喚問だあー」と騒いでいたというオチ。

教団はロシアとの関係を深め、周辺をいかがわしい同伴「知識人」で固めた。メディア対策を重視した点も似ている。

今回の一連の事件に救いがあるとしたら、常識のある国民が声を上げたことだろう。特に弁護士や元検事など法曹関係者が次々と声を上げたことは大きい。誰かがいいことを言っていたが、彼らは直接カネに結びつく案件ではないのに事件を追い始めた。それは純粋な義侠心や正義感によるものだろうと。逆に議論を歪め、ごまかしを続けたメディアや物書きの正体が明らかになったのも収穫だった。

だいぶ前から思っていることだけど、『週刊文春』の連載「新聞不信」は毎回面白いし、真っ当だね。何人かの記者やライターが交代で書いているのだろうが、本質に切り込む内容が多い。飯島勲が連載で「国会でやってるのは来る日も来る日もただただ、森友学園への国有地払い下げ問題ばっかりだよ。いったい何なんだって叫びたいぜ。これがそんな国家を揺るがすような大事な話なの？」（二〇一七年三月三〇日号）などとくだらないことを書いていたが、その少し後の「新聞不信」は、「稲田防衛大臣をはじめ、一連のニュースに登場する森友学園の籠池理事長、安倍昭恵氏などは、保守、右翼、極右の分類で言えば、保守とはとても呼べない」「まともな保守はどこへ行ったのか。注目の事件、事象を定石通り詳報するのも結構だが、今こそ、保守とは何かを真正面から説くべきではないか。このままだと新聞は良識ある保守から見離されやしないか」と指摘。そのとおりだ。

安倍昭恵の逃亡劇

自民党は証人喚問で大失態。籠池をつるし上げ、晒し者にし、責任を押し付ける算段だったのだろうが、意外にも籠池が理路整然としゃべるので、墓穴を掘った。自民党の西田昌司は「今回の問題の本質は森友側の無理な計画が―」と事件を矮小化しようとしたが、その「無理な計画」がなぜ通ったかが問題になっているわけで、政治の劣化を感じさせる一幕だった。西田は安保法制のときも頓珍漢なことを言っていたのでパチモンとはわかっていたが、あの手の人間は左翼よりタチが悪い。午後の証人喚問では自民党の葉梨康弘が印象操作に終始。しかし、籠池から「的外れ」「失礼」「今回の議題と関係のない話をするな」と注意される自民党の議員って……。どちらが喚問されている側なのか？

籠池は昭恵を通じて安倍から寄付金をもらったと証言。昭恵は「全く覚えていない」と説明したらしいが、「渡していない」と言えない事情があるのだろう。

ハッキリしたのは、安倍昭恵、迫田英典前理財局長、松井一郎の証人喚問が必要だということ。

籠池は「(昭恵から)口止めともとれるメールが届いた」とも証言。事件が表沙汰になった後も、昭恵は籠池の女房諄子と連絡を取り合っていた。
「私が関わったということは、裏で何かがあるのではと疑われないように、細心の注意を払わなくてはならないということだったのでしょう」
「今はじっと我慢の時です。私もまだまだ追い詰められるのかもしれませんが、お互い頑張りましょう」

面白かったのは籠池証人喚問の日の晩に昭恵のフェイスブックに載った弁明だ。普段の投稿とは明らかに異なる文体で、ネット上でもツッコミが入った。普段の投稿は、年号は西暦で数字は半角だが、「弁明」は元号で、数字は全角になっている。また、典型的な「役人用語」が使われていると指摘する弁護士もいた。恐らく官邸周辺が急いで作って、そのまま昭恵のフェイスブックに貼り付けさせたのだろう。

自民党の下村博文は「昭恵氏もフェイスブックでしっかりと籠池氏の証人喚問に反論している」と述べていたが、証人喚問とフェイスブックの投稿を同列に扱うってすごい時代になりましたね。

異常な組織にいる人間は、その異常性に気づかないことがある。オウム真理教の元信者たちは、口を揃えて「当時は疑問に思わなかった」と言う。

一方、距離を置いている外国メディアは冷静に分析することが多い。英ガーディアン、英インディペンデント、英タイムズ、英フィナンシャルタイムズ、米ワシントンポスト、米ニューヨークタイムズ、英BBC……。森友学園の教育姿勢、安倍との関係の異常性、日本会議との関係などを次々と報じている。

森友事件は鮨友事件でもある。そういう意味では官邸は脇が甘い。外国人記者にもきちんと鮨をおごっておかないからこういうことになる。まあ、呼ばれたからといってノコノコ出かけていくバカは、外国にはいないと思うけど。

アホの足立

今回の件で維新の会の恐ろしさを再認識した人は多いのではないか。蜜月の関係を続けてきた安倍と維新の会だが、ここに来て松井は安倍を批判。「本質を説明できないのは安倍総理だ」（二〇一七年三月二五日）、「国のほうがどうしても大阪府の責任だとしたい理由は、総理が強弁をしているからですよ」（二〇一七年三月二八日）。

責任の擦り付け合いか、あるいは落しどころを探ろうとしているのか。一方、安倍は維新の会に腹を立て、連中の鼻先にぶら下げておいた「三点セット」を白紙に戻すと息巻いているそうな（日刊ゲンダイ」二〇一七年三月二二日）。すなわち、「大阪万博誘致への国を挙げた協力」「大阪・夢洲のカジノ計画」「リニア大阪延伸の前倒し」である。

森友学園問題は氷山の一角だ。維新の会が進める制度改革、規制緩和の背後にある利権構造も含めて、官邸と維新のつながりの全容を解明すべきである。

で、例のアホの足立康史。足立によると「関西ではアホは敬称」とのことなので、あえて敬称をつけておく。このアホが国会で「安保情勢が厳しい中で安倍晋三首相や稲田朋美防衛相の足を引っ張るのは、北朝鮮や中国と通じているのではないかと疑われても仕方ない」と発言（二〇一七年三月一七日）。籠池が「首相から寄付金を受けた」と述べたことについては「寄付してたら美談ですよ。なんでマスコミは騒いでんの？　全然わかんないね」。「ああ言えば上祐」というのもいたが、疑惑の目が向けられている政党のアホが騒いでもねえ。共同通信の世論調査（二〇一七年三月二五、二六両日）では、国有地払い下げの経緯などに関し、政府が「十分に説明していると思わない」との回答が八二・五％に上っている。八割以上の日本人が北朝鮮や中国と通じているんですかね？

森友学園の小学校建設請負業者の藤原工業が、維新の会に献金していたことが発覚（二〇一七年三月二一日）。また、国、府、関西エアポートに提出した金額が異なる三種類の工事請負契約書も作成していた。

松井は「小学校の設置は近畿財務局の要請があったから認可した」などと言っていたが、国有地の売買の責任は松井にある。松井は「規則に違反していたとまでいえるか、検証する」と他人事のようなことを言っていたが、お前は検証される立場だろうが。

森友学園問題だけではない。防衛省の日報隠蔽事件、共謀罪の閣議決定など、わが国は大きく傾き始めた。日本人には日本を守る義務がある。膿を出し切るまで騒ぎ続けましょう。民進党がこの先すべきことは、過去の立ち位置を反省し、連立政権をつくる際には、野田佳彦や前原誠司の類いの安倍もどきを排除することだろう。実際、旧民主党が打ち出した愚策の多くを急進的に推し進めているのが安倍政権である。特に小泉政権、民主党政権、安倍政権と引き継がれた極端な構造改革路線、グローバリズム路線を断ち切ることが肝要だ。

船田元の反発

普通に考えれば二〇一五年の安保法制騒動のときに安倍の問題は処理しておかなければならなかったのに、放置したからこうなった。「だからあれほど言ったのに」としか言いようがない。もっとも自民党を完全に解体するのは危険だ。自民党は変な勢力を追放して、「たしかな野党」として再出発してほしい。

遅きに失した感はあるが、自民党内から声が出た。船田元は「森友学園の異常さ」（二〇一七年三月六日）と題したブログでこう述べる。

「どうしても特別の力学が働いたと思わざるを得ないのである」

「国論を二分した平和安全法通過に言及させる教育を、政治的素養や能力の整っていない幼児に施すことは、極めて異常である」

「過去の歴史が指し示す通り、国家の崩壊は、まず教育の崩壊から始まる。私たちは決して過去の轍を踏んではならない」

朝日新聞のインタビュー（二〇一七年三月一〇日）でも船田は吠えている。

「事がうまく進みすぎているなという印象を極めて強く持っている」

「(森友学園の幼稚園の教育内容は) ある意味で洗脳だと思う」

「こういうときにものが何も言えないような自民党内の状況は、むしろ危ないと思う」

「総理側、あるいは役所側に不正がないのであれば、積極的に自ら情報公開をすべきだと思う」

いずれも正論だ。党内では完全にスルーされるのだろうが、地ならしにはなる。石破茂、岸田文雄、野田聖子あたりはそのうち動くだろう。

二〇一五年六月に憲法学の専門家三人を招いて参考人質疑をやったときも、船田はいい仕事をした。わざとやったかどうかは知らないが。

カルトに汚染された産経新聞

東京都知事の小池百合子は土壌汚染が明らかになった築地市場について、土壌がコンクリートで覆われているなどとして「安全安心だと宣言できる」と発言 (二〇一七年三月一四日)。

一方、同じくコンクリートで覆われた豊洲市場については、「安全性は確保されているものの消費者の信頼は得られておらず安心だとは言えない」とした。

え?

安全性が確認されたなら、これまでの所業を反省し、都民に謝罪すべきだろう。「消費者の信頼」を毀損したのはどこのどいつなのか。
冗談は顔だけにしてほしい。

村上春樹が小説に社会問題を組み込むようになったのは、オウム真理教事件がきっかけだったと聞いたことがある。そして、事件以降も、カルトは着実に世の中に浸透している。村上の四年ぶりの長編小説『騎士団長殺し』に登場する人物が、別の登場人物の過去を語る中で「南京事件」に触れている。
《おびただしい数の市民が戦闘の巻き添えになって殺されたことは、打ち消しがたい事実です。中国人死者の数を四十万人というものもいれば、十万人というものもいます》
ここにネトウヨが食いついたとのことだが、ついに現実とフィクションの区別がつかなくなったようだ。しかも、登場人物による伝聞の話である。四〇万人でも四〇〇万人でも四〇〇〇万人でも問題はない。要するに、ミジンコ脳は、「南京」というキーワードを見ると脊髄反射でピコーンってなるんですね。この手の連中は、ラスコーリニコフが殺人を正当化したら、ドストエフスキーを非難するんですかね？

メディアもカルトに汚染されている。産経新聞は「ア・シ・タ・サ・フ？　これは要注意の会社です」などという与太記事を載せていた（二〇一七年三月三日）。
《経営が行き詰まる会社はどんな名称が多いのだろうか。このほど、東京商工リサーチが2000年以降に倒産した約18万社の社名（商号）をカナ読みして調べたところ、「ア」で始まる企業が1万1442社（構成比6・37％）と最も多かったことが分かった。次いで「シ」が1万1421社（6・36％）、「タ」が1万726社（5・9％）と続いており、「ア」「シ」「タ」で始まる企業は〝明日のない〟ケースが多いという皮肉な結果となった》
《東京商工リサーチは、「ア」「シ」「タ」以外の社数も調べた。それによると、4位は「サ」、5位「フ」、6位「エ」と続いた。逆に46文字中で、ゼロだったのは最下位の「ン」。次に少なかったのは、「ヲ」の1社》
《東京商工リサーチは「確率的に高い事象は、それだけ普遍性があるともいえる」としている。起業で社名をつける際は参考にしてもいいかもしれない》
完全にイカレている。オカルト雑誌の『ムー』でもこんな電波記事はボツになるだろう。説明するのもばかばかしいが、単に「ア」で始まる企業が多くて、「ン」や「ヲ」で始まる企業が少ないというだけの話。「ア」なら「ア」で始まる企業全体の中でパーセンテージを出さなければ意味がない。出したところで意味があるとも思えないが。なるほど、「サ」

がつく会社も要注意か。自虐ネタですか？

小泉進次郎もいつもどおり。「党内の空気ぶち破りたい」（二〇一七年三月五日）などと言いながら、「（演説に）自信がみなぎっていた」と安倍にゴマをするのを忘れない。地元には「投票は18歳から　政治参加は0歳から」というポスターを張り出したという。曰く「日本が、今までと同じことをやっていることが最大のリスクなんだということをわかってもらうために、考えた」。なんのカルトか知らないが、青年将校にでもなったつもりか。そういえば昔そんな歌がありましたね。

将校、将校、ショコ、ショコ、ショーコー♪

大河ドラマなら四五話あたりの感じ

　ここのところ、昔のNHK大河ドラマをまとめて見ている。『天地人』『義経』『毛利元就』『太平記』『翔ぶが如く』『武田信玄』『軍師官兵衛』と見てきたが、一作品が五〇話くらいと相当な量があり、全部見るのは気力がいる。『功名が辻』はなんとなく途中で見るのをやめてしまった。『新選組！』はあまりに脚本がひどいので第一話の前半で見るのをやめた。調べたら、案の定、三谷幸喜だった。よって三谷脚本の『真田丸』も見る予定はない。NHKは何に媚びているのか。変な人選はやめてほしい。

　ついでに言うと、『武田信玄』で織田信長を演じた石橋凌は最低だった。演技も下手だけど、滑舌が悪すぎてセリフが聞き取れない。三〇年近く昔のドラマを、いまさら時評でけなされても困るとは思いますが。

　人はなぜ大河ドラマを見るのか。やはり、自分の人生と重ね合わせるからだろう。あくまでドラマであり、史実とかけ離れている部分も多いが、それでも美男美女が乳繰り合う恋愛ドラマよりは、はるかに身近に感じるし、実在の人物を扱っているので真実味もある。いつ刀を抜くのか、いつ反旗を翻すのか、乱世においては各自が見極めなければならない。短気を起こせば命を落とすし、のんびり構えていては機会を失う。無能な殿を諫める家臣がいなければ、世は乱れ、人心は荒廃し、悪がはびこり、国は滅びる。武家も二代目、三代目あたりになると、慢心、おごり高ぶりが目につくようになり、社会では世直しの動きが加速する。

治らない虚言癖

銀座にオープンした商業施設の式典挨拶で、安倍晋三は、売り場に並ぶ各地の名産品を紹介した後、そこで読み上げた原稿について、「残念ながら山口県の物産等々が書いてありません」「私が申し上げたことを忖度していただきたい」と発言（二〇一七年四月一七日）。森友加計学園問題をはじめとする自身の疑惑に関わるジョークを飛ばしたわけで、逃げ切る算段でもあるかのようだった。

しかしその後、学園の籠池泰典元理事長の「（国有地の売買について）安倍総理や昭恵夫人の意向を忖度して、財務省の官僚が動いたのではないか」との発言を裏付ける証拠や証言が続出。

民進党が開いたヒアリングで籠池は、「（国側との）交渉の経緯は、昭恵氏に報告していた」「主人にお伝えしますと言ってもらい、何かすることはありますか、とまで言ってくれて、うれしかったことを覚えています」と発言（二〇一七年四月二八日）。籠池によれば、昭恵との接触により国側が「突然、それまで後ろ向きだった定期借地に前向きになってくれた」とのこと。

なお、籠池が財務省と面談した際の音声データも公開され、国有財産審理室長の田村嘉啓が取引を「特例」と発言していたことも発覚。

「森友問題はもう終わった」と世論誘導に勤しむメディアもあるが、黒幕を追い詰めることはできるのか。ドラマはこれからが見どころだ。

「テロ等準備罪」を新設する組織犯罪処罰法改正案が衆院法務委員会で実質審議入りした（二〇一七年四月一九日）。民進党の山尾志桜里は、安倍の発言の変遷と矛盾を追及。二〇一七年一月の「そもそも罪を犯すことを目的とする集団でなければならない」という答弁と、同二月の「オウム真理教は当初は宗教法人だったが、犯罪集団に一変したので適用対象となる」という答弁を引用し、「そもそも」は「最初から」という意味であり、一月の答弁に従えばオウム真理教は適用の対象外だと、内容のブレを突いた。

すると安倍は、「『そもそも』という言葉の意味について、山尾委員は『はじめから』という理解しかないと思っておられるかもしれませんが……」「これは、辞書で念のために調べてみたわけでありますが、これは『基本的に』という意味もあるということも、ぜひ知っておいていただきたい」と小バカにしたような態度をとった。山尾は呆れ顔で「詭弁でごまかすな」と反論。さらに安倍がゴニョゴニョ言い出したので、「器が小さいんだよ！」と切り捨てた。たしかに安倍は総理の器ではない。議論はできないし、批判されるとキレて大声を上げる。特に相手が女性だとムキになる。なにかトラウマでもあるのだろうか。

安倍は「『そもそも』という言葉を辞書で調べた」と繰り返したが、毎日新聞の校閲記者が三〇種類以上の辞書を調べたところ「基本的に」という説明は一つも見つからなかったそうな。そもそも、知らない言葉を辞書で調べる習慣があれば、「云々」も読めないまま人生を歩んでこなかったはずだ。乳母の証言によると、安倍は子供のときから嘘つきだったという。虚言癖は劣等感の裏返しでもあり、なかなか治らない。

安倍ファンクラブの会報

武士に二言なしというが、言葉に信頼がなければまともな家臣はついてこない。復興相の今村雅弘が東日本大震災について「まだ東北でよかった」と発言（二〇一七年四月二五日）。事実上今村を更迭した安倍は「極めて不適切な発言があった。任命責任は私にある」と言っていたが、これまで任命責任をとったことが一度でもあるのか。第一次安倍政権では、政府税制調査会会長の本間正明、規制改革担当大臣の佐田玄一郎、農林水産大臣の松岡利勝、防衛大臣の久間章生、農林水産大臣の赤城徳彦、農林水産大臣の遠藤武彦……と多くの閣僚が問題を起こし辞任。第二次政権以降も、法務大臣の松島みどり、経済産業大臣の小渕優子、農林水産大臣の西川公也、経済再生担当大臣の甘利明らが辞任している。責任感の欠片でもあったら、一〇〇回くらい内閣が吹っ飛んでいるだろう。

民進党の辻元清美に関するデマをもとに産経新聞が記事を書き、安倍がそれを真に受けて国会で言及するという椿事《ちんじ》が発生（二〇一七年三月二八日）。いろいろ終わっていますね。簡単に説明すると、籠池の女房の諄子が昭恵に宛てたメールで、「辻元清美が幼稚園に侵入しかけ私達を怒らせようとしました」「三日だけきた作業員が辻元清美が潜らせた関西なんとか連合に入っている人間らしい」などと根拠のないことを書き、産経が裏取りや確認取材もロクにせずに記事を書いたということ。辻元はこれを否定。諄子も「事実を確認したわけではないです」と誤りを認め、「作業員」も辻元とは面識がないと関係を否定。産経がどのように謝罪するのかと注目が集まる中、政治部長の石橋文登は「民進党の抗議に反論する―恫喝と圧力には屈しない」との記事を掲載し、恥の上塗りをした。

ネトウヨは事実関係などお構いなしにひたすら辻元を叩くだけ。要するに、ネトウヨが脊髄反射するキーワードが「辻元」なんですね。「慰安婦」や「南京」と同じで、その単語を聞くとそわそわしだす。問題は社会の公器たる新聞が、一政治家を異常なほど持ち上げ、ネトウヨのブロガーレベルの記者がデマを垂れ流していること。しかし、産経はなぜここまで急速に劣化したのか。産経で保守思想に関するコラムを二年半連載していた私としても非常に残念です。

同じようなことを感じている人も多いようだ。評論家の津田大介はツイッターでこうつぶやいている。

「産経はネットの保守層を取り込もうと、ビジネス的な理由からここ10年で極端に右傾化したものの部数は大して伸びず（彼らはそもそもネットが主たる情報入手手段であって新聞に金払わない）、そういうネットの言論ばかり触れてる内にガチでそうなっちゃった感じ。ミイラ取りがミイラになった典型だな」（二〇一七年四月五日）。

小説家の松井計は「産経もなかなかしんどい所だろうと思うなあ。ここ数年来の、一見すると暴走とも思える報道姿勢は、企業生き残り策の一環として、読者対象を絞ったという事ですよね。その結果、記事の質や真実性よりも、その読者対象が喜ぶ内容が優先される、という形になってるのが産経の現状で。これは辛そうですよ」とつぶやいていた。

もっともジャーナリズムの旗を降ろすなら問題はない。安倍ファンクラブの会報として落ちるところまで落ちればいい。

豊洲の女

文部科学省が道徳の教科書検定で、郷土愛不足を理由に「パン屋」を「和菓子屋」に書き換えさせたという話が出ていた。修正は教科書会社の判断に委ねられており、文科省が強制したわけではないが、和菓子屋を利用して国や郷土への愛を説くというのもアホ。教科書課の担当者曰く「『パン屋』が悪いわけではない」「例えば、『パン屋』の記述を残しながら、あんパンが日本で定着した経緯を書き加えるのも、許容されるのではないか」（「産経新聞」二〇一七年四月一日）。

あんパンでもやっているんですかね。

評論家の渡部昇一が死去。享年八六。大昔に『知的生活の方法』を読んだけど、若者はクーラーを買えと書いてあって、なるほどと思ってクーラーを買いました。他の仕事は、あまり記憶にない。安倍はフェイスブックに「(渡部は)批判を恐れず日本のマスコミの付和雷同に挑戦し続けてこられた」と投稿。でも、日本のマスコミの安倍に対する「付和雷同性」には挑戦しなかったみたいだけど。

東京都知事の小池百合子は、二〇一七年七月の都議会議員選挙後に、東京オリンピックなどの課題で、政府や自民党本部との連携を深めていく考えを示した(二〇一七年四月二一日)。また、都内の日本料理店で安倍に遭遇したことについて「『小池さん、お手柔らかにお願いします』と声をかけてもらった。大変和やかなムードだった」と述べた。

一方安倍は、銀座の大型複合ビルのオープニングイベントで、「小池知事ともしっかりと協力をしていきたいと、本当にそう思っている」「銀座といえば『銀座の恋の物語』。(小池と)一緒に歌ってもいいのだけど」と発言(二〇一七年四月一七日)。

もはや別働部隊ですらない。これは大阪の維新の会と官邸の関係と同じ構図。現場では対立しながら、裏ではベッタリとつながる。

米『TIME』誌が「世界で最も影響力のある一〇〇人」を発表。日本人では小池だけが選ばれた。金正恩やトランプもランクインしているので、悪影響かと思ったらそうではないらしい。『TIME』は、「世界中の女性にとっての先駆者だ」「日本と世界の女性の模範」と小池を評価。パリのアンヌ・イダルゴ市長は「彼女のビジョンが将来にしっかり向けられていたことに感銘を受けた」と寄稿。メディアの劣化は日本だけの現象ではないようだ。そもそも小池のビジョンがおかしいから市場移転問題で関係者が振り回されているわけで、被害を受けているのは都民である。莫大な税金をドブにぶち込んでおいて、何が都民ファーストか。小池には政策の一貫性もない。細川護熙、小沢一郎、小泉純一郎と時の権力に阿《おもね》り、「政界渡り鳥」と呼ばれるようになった。「女性の模範」って何の冗談？

ちなみに私、適菜収は作詞家としてデビューすることになりました。最初の曲は「豊洲の女」。歌手は三沢カヅチカ。作曲は多城康二。プロデューサーは松田聖子を世に出した若松宗雄です。カラオケDAM（第一興商）でもJOYSOUNDでも歌えますよ。

イスラムに対する冒瀆

元フジテレビアナウンサーの長谷川豊が、維新公認候補で次期衆院選の千葉一区から出馬すると表明しているが、「自業自得の人工透析患者なんて、全員実費負担にさせよ！　無理だと泣くならそのまま殺せ！」と題したブログを書くなど、言動が問題になっている。それ以上に危険なのが、イスラム教を冒瀆した二〇一五年九月一四日のブログだ。

「マホメット？　ただの性欲の強すぎる乱暴者です」

「いま世界で起きてる戦争、ほとんどイスラム系でしょ？　一番、暴力的な人間が教祖様のところでしょ？」

「マホメットなんぞ、文献によれば、何人の女、囲ってたと思う？　ほとんどハーレム状態。思いやりのある人間がそんなことする訳ないでしょうが」

これはイスラム教に対する批判ではなく、誹謗中傷である。こんな人間が国会議員になったら、確実に国際問題になる。なお長谷川は「8割がたの女ってのは、私はほとんど『ハエ』と変わらんと思っています」とも述べている。


自民党の西田昌司が朝日新聞に党内の事情を暴露。国会で西田が森友問題について質問に立つことが決まると、安倍から電話がかかってきたという。

「西田さんは大阪問題でやりたいだろうけど、それを頼んだのが安倍だと言われたら、なんにもならないからさ」

西田は大阪府の小学校設置認可をめぐる規制緩和の問題について質問するつもりだったが、

維新の会に近い安倍の立場を考え、安倍の言うとおりに、約八億円の値引きの正当性を主張する官僚答弁を引き出し、「森友事件の報道はフェイクニュースだ」と訴えたとのこと。

西田は「総理が直接電話してくるのは異常やねん」などと言っていたが、真実を知りながら報道を「フェイク」と言い切るのも異常やねん。今頃言い出すのも異常やねん。そのときに安倍に従ったのも異常やねん。どんな褒美をもらったのか知らないが党内でこういう取引をやっているのも異常やねん。毛利につくのか織田につくのか。もっとも西田は宇喜多直家ほどのタマではないけどね。

地方創生相の山本幸三が、滋賀県で開かれた地方創生に関するセミナーで、観光振興をめぐり「一番のがんは文化学芸員といわれる人たちだ。観光マインドが全くない。一掃しなければ駄目だ」と発言（二〇一七年四月一六日）。山本は「地方創生とは稼ぐこと」と定義したそうだが、なかなか象徴的な発言だ。日本の「一番のがん」は、カネでしか価値判断できないこの手の連中である。

文化や知性の軽視といえば、安倍が詠んだ句は比類を絶していた。安倍主催の「桜を見る会」が新宿御苑で開かれ、芸能人やスポーツ選手ら約一万六五〇〇人が出席（二〇一七年四月一五日)。安倍は挨拶で八重桜と第二次政権発足から五年目になることをかけて、「風雪に耐えて5年の八重桜」と詠んだ。算用数字も入っているし、サラリーマン川柳ですらない。あまりにアホなので一句。

「風説を流して5年の花畑」

外圧を期待する売国奴

安倍は北朝鮮情勢について、「いかなる事態になっても国民の生活と平和な暮らしを断固として守り抜く決意だ」と発言(二〇一七年四月一〇日)。情勢が緊迫する中、ロンドンを訪問(二〇一七年四月二八日)。ゴールデンウイークについて「時には仕事を忘れて休日を楽しんでいただきたい」「政府も常に課題山積ではあるが、課題にしっかりと対処していくためにも、私も十分に英気を養いたいと考えている」だって。なお、『週刊現代』(二〇一七年五月六・一三日号)では、「北朝鮮情勢が緊迫してきてから、安倍さんはすっかり元気になって、『ツキがまわってきた』と側近たちに話しています。『安保法制も、集団的自衛権も、やっておいてよかっただろ。シナリオ通りだよ』とも」という官邸スタッフの言葉が紹介されていた。課題山積である。

安倍の母親の洋子が昭恵に対して激怒しているという(『週刊新潮』二〇一七年四月六日号)。「あなたは安倍家を貶めたのよ！　安倍家を汚した。籠池とはずいぶん親しいようだけど、どんな関係なの。あなたは一体、何をやっているの！」。ちなみに安倍は母親に頭が上がらず、少なくとも三八歳になるまで「ママ」と呼んでいたという。昭恵もたいがいだけど、安倍家を貶めたのは間違いなく晋三だよね。

宅配便最大手のヤマト運輸は、主要取引先であるインターネット通販大手アマゾンの「当日配送サービス」の引き受けから撤退する検討に入ったとのこと。また、低運賃の荷物が増えて採算が悪化している大口の法人客約一〇〇〇社と値上げ交渉を進め、現場の負担を減らして労働環境を改善するという。これは英断。全面的にヤマト運輸を支持します。政治も同じだけど、歪な構造がいつまでも続くわけがない。現場の人間を軽んじれば、いつか報いを受けることになる。

テレビ朝日『報道ステーション』の解説員に橋下徹を起用するという話が出ている。この乱世、何があってもおかしくないが、報道機関の集団自殺が始まったようだ。特定政党の法律政策顧問であり、実質的なトップの発言を巷に垂れ流すわけだから、異常としか言いようがない。橋下の悪事については、これまでも指摘してきたので繰り返さないが一点だけ。橋下は「能や狂言が好きな人は変質者」といった発言からもわかるように、わが国の歴史や伝統を深く憎んでいる人物である。「竹島は韓国と共同管理しろ」「外国人政治家を招聘しろ」などと言っている人間を野に放てばどうなるか。橋下はワシントンで講演（二〇一七年三月二七日）。「安倍政権は今、非常に苦しんでいる。北朝鮮でミサイルが発射されるかもしれない危機的な状況の中で、わずか数億円の国有地の売買をめぐって国会が大騒ぎになっている」「（トランプは日本に対し）強力な外圧をかけてもらいたい」などと発言。

ＮＨＫ大河ドラマなら今は第四五話あたりの感じか。破局が近づいているようだ。

「都民ファースト」という ファシストの会

東京都議選（二〇一七年七月二日投開票）は、大方の予想どおり「都民ファーストの会」が圧勝。まあ、そんなものですね、人間って。

私が作詞・補作曲した「豊洲の女」（エスプロレコーズ）は過去の記憶にすがりつく、中身が空っぽで、ぐだぐだな女の悲哀を描いた曲ですが、メディアからも注目を集め順調なスタートを切ることができました。プロデューサーは松田聖子を発掘し、育て上げ、オリコン一位を連続二四曲やった若松宗雄。若松さん曰く「今、こういう歌詞を書けるのは、なかにし礼と適菜収だけだ」「私はキャンディーズ、伍代夏子、藤あや子、ＰＵＦＦＹなどいろいろ発掘して育ててきたが、これからは適菜収と組む」と。それで私もその気になり、作詞家に転向した次第です。せっかくですから、ここに歌詞を貼りつけておきます。

〽　化粧だけでは　隠しきれない　今の私は豊洲の女

あの日の新宿　花の銀座　今の私は豊洲の女
あの日のロンドン　冬のパリ　たどりつけない渡り鳥
ダイバーシティ　ブルーオーシャン
落ちていくのよ季節の中に

化粧だけでは　隠しきれない　今の私は豊洲の女
化粧だけでは　隠しきれない　今の私は豊洲の女

あの日のカイロ　アルジェの光　今の私は豊洲の女
見切り発車の　リンドバーク　着地できない女の涙
過去の記憶を糊塗したところで
見極められないジャンヌダルク

化粧だけでは　隠しきれない　今の私は豊洲の女
化粧だけでは　隠せやしない　そうよ私は　豊洲の女　豊洲の女

次の季節が巡ってきても　やはり私は豊洲の女

で、例の小池ですが、やはりぶっ飛んでいる。築地市場で業界団体代表と会談（二〇一七年六月二三日）したときには、「（風評被害について）私自らが先頭に立ち、払拭する」だって。風評を流したのはお前だろうが。

ここのところ「お前が言うな！」ばかり。自民党が党本部で開いた会合（二〇一七年六月一五日）では、下村博文が「（都議選で）都民ファーストがもし過半数を得たら、知事のイエスマンばっかりの集まりになってしまう。都議会のチェック機能がなくなる」と発言。石原伸晃は「言うことを聞く人間だけで、知事が都政を進める。大混乱を起こすことは、北朝鮮を見れば明らかだ」と批判した。いずれも正論だが、安倍の暴走を放置しているイエスマンの「お前らが言うな！」である。

ただ石原は都議選で少しだけ仕事をした。選挙戦最終日の二〇一七年七月一日、街宣のため秋葉原に安倍が到着すると、石原は「どうぞ皆さん、拍手をもってオマヌケください！」

と声を上げた。実際、自民党は「オマヌケ」な結果に終わったわけで、石原は毎回一番おいしいところを持っていく。天然はすごいよね。

橋下の父親と叔父は暴力団組員であるとの『新潮45』の報道は事実であると最高裁が認定。橋下の上告を退けた（二〇一七年六月一日）。一審大阪地裁判決は、「実父が組員だったことは（橋下の）人格形成に影響しうる事実で、公共の利害に関わる」と指摘。二審大阪高裁も一審の判断を支持した。

しかし、安倍政権は完全に日本を壊してしまった。この先、安倍やその周辺のいかがわしい連中がどうなろうと知ったことではありませんが、政治や社会を修復していくためには、かなりの時間がかかりそうだ。共謀罪も二〇一五年の安保法制のときと同様、むちゃくちゃな手法で押し通された。「東京オリンピック開催に向けたテロ対策」「国際組織犯罪防止条約（TOC条約）を締結するため」などとデタラメな説明を繰り返し、国連からも懸念が表明される中、委員会採決をすっとばして、恣意的な運用が可能である欠陥法案を強行採決した。共謀罪適用の第一弾が安倍だったら笑うけど、笑っていられない世の中になってきた。

バカは犯罪

森友学園問題、加計学園問題をはじめとする一連の安倍事件。官房長官の菅義偉は、「総理のご意向」と記載された文部科学省の記録文書について「全く、怪文書みたいな文書じゃないか」と発言。追加調査で文書の存在が明らかになると、「怪文書という言葉だけが独り歩きして、極めて残念だ」（二〇一七年六月一五日）。前次官の前川喜平が具体的な証言や証拠を出すと、読売新聞にデマをリークし、一私人である前川に人格攻撃を繰り返した。

この件に関し、ネトウヨやそれに類するメディアは、「特区制度を潰すのかあ」などと論理をすり替えていたが、もちろん、問題は特区制度が一部の人間に利用されたかどうかである。小泉のバカ息子も「国家戦略特区潰しをしてはいけない」「この問題を見ていて思うのは、やっぱりフェイクニュースの時代ですね」（二〇一七年六月一日）などと言っていたが、今、安倍を支持しているB層は、この先も進次郎みたいなのに騙されるんでしょうね。バカは犯罪。

上野動物園のパンダ「シンシン」が、赤ちゃんを出産（二〇一七年六月一二日）。上野でのパンダ誕生は五例目とのこと。

いよいよ逃げ切れなくなったのか、ついに安倍が発狂。国家戦略特区での獣医学部の新設について、さらに認める方向で検討し、「全国展開を目指す」（二〇一七年六月二四日）だって。ラーメン屋ではあるまいし、アホにも限度がある。獣医師養成課程を設ける大学の代表者による「全国大学獣医学関係代表者協議会」は、「獣医学教育の根幹を崩壊に導きかねない」と安倍を批判（二〇一七年六月三〇日）。この「新しい判断」を行った理由について、安倍は「あまりにも批判が続くから頭にきて言ったんだ」（日本テレビ『真相報道バンキシャ！』二〇一七年六月二五日放映）と説明したそうだが、もう末期症状ですね。

ゲーテは言う。《憂鬱な気分のとき、現代のみじめさをしみじみ考えてみると、まるで次第に世界が最後の審判の日に近づいているみたいな気になってくることがよくあるな》《つまりわれわれは、先祖の犯した罪を悩むだけでは足りずに、その受け継いだ欠陥を自分たちの手でさらに大きくしてしまって、子孫へ引き渡すからね》（エッカーマン『ゲーテとの対話』）。

ヤンキー、地元へ帰れ！

しかし、安倍周辺って本当に人間の屑ばかりですね。面倒なので、小物をまとめて斬っておきます。

二〇一二年に初当選した安倍チルドレンの豊田真由子は、秘書に罵声を浴びせた上に暴行。殴る蹴るハンガーで叩くといった暴行は断続的に行われ、秘書には「顔面打撲傷」「左上腕挫傷」等の診断書が出されたとのこと（『週刊新潮』二〇一七年六月二九日号）。「鉄パイプでお前の頭を砕いてやろうか！」「お前の娘にも危害が及ぶ」と告げられた秘書は翌日から豊田の発言を録音。「この、ハゲーーーーーっ！」「うん、死ねば？　生きてる価値ないだろ、もうお前とか」。自民党は全国のハゲを敵にまわしたようだ。

国会では文科副大臣の義家弘介が、加計問題をごまかそうと躍起に。国会で書類を読みながら、「もっぱら自己の職務の遂行のビンセンのため」「あるいは職員が自己の職務のビンセンのために使用する正式文書」と繰り返した（二〇一七年五月二五日）。なんの話かと思ったら、「便宜」を「ビンセン」と読んでいたようだ。義家は国会で、「出自」を「デジ」と読んだこともある。

二〇一七年六月七日には、先述の「総理のご意向」文書について、「自分が見ていないものは行政文書じゃない」と発言。もう何がなんだかわからない。

ちなみに義家は家庭内暴力を繰り返し、父親を殴って病院送りにしている。姉や弟を殴り蹴り、義母を階段から突き落とした。高校二年生のときには担任教師の頭に火をつけた。塾講師を経て、北星学園の教師となったが、いじめ対策指導として、教室の備品が変形するほどの体罰を生徒に加えたという。こういう危険人物が文科副大臣をやっているところが、今の日本。ヤンキー、地元へ帰れ。

相次ぐ暴言で問題になっている自民党の大西英男が、今度は推薦文を捏造。大西のサイトには「元総合格闘家　須藤元気」の推薦文として、「私は大西先輩が大好きです。元気で何事にも前向きな大西先輩に会うと、私も勇気が湧いてきます。私は格闘家として、世界一を目指し、大西先輩には政治の世界で日本一になってほしいですね！」とある。しかし、須藤によれば「何かのパーティで一度お会いした記憶はありますが、お話すらほとんどしていません。政治家の倫理観はどうなっているんでしょうか？」とのこと。倫理のかけらでもあったら、とっくの昔に議員辞職しているよね。

法務大臣の金田勝年の不信任決議案が否決された（二〇一七年五月一八日）。金田は共謀罪をめぐり「詳細については成案を得てから答弁する」などと支離滅裂の答弁を繰り返したが、一番しびれたのが二〇一七年二月八日の発言。

「私の頭脳ではちょっと対応できない」

コントを超えている。

人間失格

防衛大臣の稲田朋美が都議選の応援演説で「防衛省、自衛隊、防衛大臣、自民党としてもお願いしたい」と発言（二〇一七年六月二七日）。これは明確な公職選挙法違反である。陸上自衛隊の日報で南スーダンの「戦闘」が報告されていた問題では、稲田は「事実行為としての殺傷行為はあったが、憲法九条上の問題になる言葉は使うべきではないことから、武力衝突という言葉を使っている」と発言（二〇一七年二月八日）。国が憲法違反をやっていると公言したわけで、普通だったら内閣が吹っ飛ぶ話。森友学園の問題でも、代理人弁護士を務めた事実はないと大嘘をついた。政治家としてどうこう以前に人間失格である。

自民党の下村博文は、稲田を庇い、「それくらいみんなで応援しますよ、と漠としたイメージで言われたんだと思う。選挙の応援に来て、サービス的な発言というふうに思われたんじゃないかと思うが、これで辞任となったら続けられる人は、誰もいなくなるんじゃないか」と発言（二〇一七年六月二八日）。法を破る人間が排除されない組織なら、早急に解散すべきだ。

アメリカ大統領のドナルド・トランプが、ホワイトハウスで初めて全閣僚が参加する閣議を開いた（二〇一七年六月一二日）。トランプは自身の政権が「素晴らしい成果」を上げ、「これ以上ないほど活発に、記録的なペースで物事を進めてきた」と自画自賛。ラインス・プリーバス大統領首席補佐官をはじめ、副大統領や中央情報局（CIA）長官らが、示し合わせたかのようにトランプを称賛したという。アメリカも、日本や北朝鮮みたいな国になってきましたね。

ニューヨークタイムズは「トランプ大統領が就任以降についた一〇〇の嘘」を掲載（二〇一七年六月二五日）。就任以降一一三日間のうち、少なくとも七四日は真実ではないことを述べたという。なお、安倍が就任以降についた嘘については、『安倍でもわかる政治思想入門』『安倍でもわかる保守思想入門』（KKベストセラーズ）にまとめておいた。今の日本がどういうことになっているかよくわかるので読んでください。

維新の会も相変わらず。こちらもクズをまとめて。共同代表の片山虎之助が代表を務める支部は、加計学園の理事長加計孝太郎から寄付を受けていた。

丸山穂高は、森友学園問題で安倍昭恵に説明を求める民進党を批判。「少なくとも昭恵夫人に記者会見ぐらいしろっておっしゃるのなら、籠池夫人のメール、生コン業者の作業員を送り込んだと指摘されている辻元議員、いらっしゃいますけど、疑惑をデマだとおっしゃるのなら、しっかり記者会見ぐらいされるべきなんじゃないでしょうか」と発言（二〇一七年五月八日）。

意味不明。

辻元はデマを流された側である。説明すべきは、ロクに取材もしないで記事を書いた産経新聞とそれを真に受けて国会で言及した安倍だろう。

やたらとあちこちに噛みついていると思っていたら、丸山は物理的にも一般人に噛みついていた。二〇一六年末、酒に酔って路上で口論になった男性に噛みつき、警察で事情聴取を受けたとのこと。

破壊された「改憲論」

「関西ではアホは敬称」発言で有名なアホの足立康史は東京新聞に噛みついた。維新の会は自民党の別動隊だと報じられたことに対し、「アホでも書ける小学生の作文」「本人には一切の取材もせず、週刊誌以下の最低な記事」（二〇一七年五月二三日）だって。「アホでも書ける」なら、足立でも書けるのか。

雑魚《ざこ》の相手はここまで。最後に少し深刻な話を。安倍が、憲法九条第一、二項を残しながら、第三項を新たに設け、自衛隊の存在を明記すると言い出したことに対し、自衛隊の制服組トップの河野克俊統合幕僚長が「自衛隊の根拠規定が憲法に明記されるのであれば非常にありがたい」と発言（二〇一七年五月二三日）。元統合幕僚長の斎藤隆は、「2項が維持されれば、自衛隊は『陸海空軍』とは切り離された特殊な存在であり続ける可能性はある。しかし、根拠規定が明記され、合憲と整理された後に、軍隊とは何か、自衛隊とどう違うのかなどのかみあった議論につながっていくのではないか」「最終的には国民の判断だ」（「読売新聞」二〇一七年五月三〇日）などとインタビューに答えていた。頭がクラクラ。自衛隊は安倍に完全にバカにされていることに気づかないのか？

そもそも一項、二項と、追加する三項の整合性すらない。要するに、自国の軍隊の法的な正当性を明確にするという改憲派が積み上げてきた議論を全部ぶち壊したということ。石破茂は「自民党の議論って何だったの、ということがある」（二〇一七年五月三日）と安倍を牽制したが、誰だってそう思うよね。

いわゆる「改憲派」は、なぜ安倍を批判しないのか。つまり、安倍バンザイの自称「保守論壇」の言う「改憲」などファッションにすぎなかったということ。だから、安倍のような一院制や道州制を唱え、首相公選制を唱える維新の会と組んで改憲しようとする「幼児」を恥じらいもなく支持できるのだ。

安倍は憲法改正を目指す理由として、「（二〇二〇年は）東京五輪・パラリンピックも予定される年で、新しい日本を始めようという機運がみなぎっている」と説明（二〇一七年五月九日）。民進党の蓮舫は「五輪と憲法改正はまったく関係ない」と批判したが、こんなこと蓮舫に言われなければわからないのか。右も左も保守も革新も改憲派も護憲派も関係ない。日本国民なら、安倍の改憲は阻止すべきである。

COLUMN

保守の対極である安倍は オークショットに学べ

一番上のボタンを掛け違うと、下のボタンはすべてずれていく。前提がおかしければ、どれだけ精密な議論を重ねても意味がない。こうなった場合、選択肢は二つしかない。一つは反省して引き返すこと。もう一つは、そのまま破局に突き進むことだ。前者の場合は胆力が必要だが、後者は楽だ。ただ状況に流されていればいいのだから。

そもそも政治とは何か？

そこに誤解があれば、「この道を。力強く、前へ。」と地獄へ向かっていくことになる。今の日本のように。

先日、ｉＰｈｏｎｅでＮＨＫ大河ドラマの『花燃ゆ』を見始めた。主人公は、長州藩士吉田松陰の妹で、久坂玄瑞《くさかげんずい》の妻となる杉文《すぎふみ》（後の楫取《かとり》美和子）。全部で五〇話もあるので、見るのも大変だが、二〇話を過ぎたあたりで松陰は処刑される（安政の大獄）。幕府による日米修好通商条約の締結に不満を持った松陰は、尊王攘夷に傾倒し、最後には老中暗殺の謀略を自白したのだった。

あくまで脚色されたドラマであり、史実ではないエピソードも含まれているのだろうが、視聴者は松陰の「至誠」に胸を打ち、高杉晋作、前原一誠、伊藤俊輔といった松下村塾の門下生の活躍に声援を送る。

伊勢谷友介演じる松陰は若者たちに問う。

「君の志はなんですか?」

若者たちは目を輝かせて夢を語る。塾では「至誠にして動かざる者は未だ之れあらざるなり」という『孟子』の言葉がマントラのように繰り返される。「誠の心を尽くせば人は必ず動く」と。どう考えても危なっかしい。松陰の言葉に感化された久坂は、攘夷の決行を求めて京都で策動、朝廷に対する働きかけに失敗して死ぬ。幕末から明治維新にかけて、多くの門下生が「新しい国をつくる」ことを夢見て命を散らした。

時代が時代ということもある。明治維新や個別の人物の評価をしたいわけでもない。ただ、革命美化、テロリズム擁護のイデオロギーがお茶の間に垂れ流され、日本人の政治観を揺さぶっている点を指摘したいだけだ。

『花燃ゆ』が放映された二〇一五年には、安保法制をめぐる騒動や「大阪都構想」の住民投票があった。地元が山口県で松陰の名前をよく出す総理の安倍晋三は、著書『新しい国へ』で、《わたしが政治家を志したのは、ほかでもない、わたしがこうありたいと願う国をつくるためにこの道を選んだのだ》と述べている。松陰が引用した『孟子』の《自らかえりみてなおくんば、千万人といえどもわれゆかん》がお気に入りの安倍は、自分が信じた道が間違っていないという確信を得たら断固として突き進むのだと繰り返している。「この道しかない」といった安倍政権のスローガンはここから来ているのだろうが、これは保守思想の対極にある発想だ。保守とは「確信」を警戒する態度のことである。

安倍晋三には「常識」がない

イギリスの政治哲学者マイケル・オークショットは、端的に、政治とは己の夢をかなえる手段ではないと言う。保守思想の理解によれば、《統治者の職務とは、単に、規則を維持するだけのことなのである》。世の中には多種多様な人がいる。夢も価値観も理想も違う。誠実に言葉を尽くしても伝わらないことはある。それができると思うのは傲慢であるか、知恵が足りないかのどちらかである。その前提の上で、ゲームの運行を管理し、プレイヤーにルールを守らせ、トラブルの調停にあたるのが為政者の役割だ。

「正しいこと」が伝わらなければテロリズムに走るのが松陰だとしたら、たとえ「正しいこと」でも早急に物事を進めないのが保守である。なぜなら、それを「正しい」と認めない人がいることを知っているし、そもそも自分の理性さえ「確信」していないからだ。歴史に学ぶべきことは「人間は間違う」という事実である。

オークショットは西欧近代は二つのタイプの人間を生み出したという。一つは判断の責任を引き受ける「個人」であり、二つ目はそこから派生した「できそこないの個人」という類型である。要するに「大衆」だ。彼らは前近代的な社会的束縛を失い、根無し草のように浮遊し、自己欺瞞と逃避を続け、自分たちを温かく包み込んでくれる「世界観」、正しい道に導いてくれる強力なリーダーを求めるようになった。「縛られたい」という大衆の願望とそのニーズに応える政治があって人民政府は発生する。そこでは統治者の個人的な夢や理想が国民に押し付けられる。だが、その夢をわれわれ「個人」が共有しなければならない根拠などあるはずもない。

最近こんなニュースがあった。イギリスの研究チームが六九カ国の一三万八〇〇〇人を調べたところ、「人生を自分でどれだけコントロールできているか」を自己評価した点数が低い人ほど強い指導者を求めていたという（「朝日新聞デジタル」二〇一七年九月三日）。

ドラマでは倒幕派の勝利により毛利氏家臣の座を追われた椋梨《むくなし》藤太に主人公が問いか

けるシーンがある。

「私の兄を貶め夫を追い詰め、多くの方の命を奪った。それほどまでして椋梨様が守らねばならんものとは何だったんでございますか？」

椋梨は「政《まつりごと》とは変わらぬ営みを守ることだ。それだけにすぎぬ」と答える。椋梨は悪役として描かれているが、これこそが為政者の言葉だ。

現在自らの職務もわきまえず、孟子や松陰の革命思想にかぶれた「幼児」が、国家の中心で売国・壊国活動に勤しんでいる。松陰は「諸君、狂いたまえ」と「常識にとらわれない生き方」を説いたが、安倍には最初から「常識」がないのだ。

そういう意味では「改革幻想」「革命気分」に深く汚染された日本人の政治に対する無理解が、安倍政権を生み出したといえよう。

新しい国、草莽崛起《そうもうくっき》、維新……。最初のボタンを掛け違えているから、すべて間違うのだ。喫緊の課題は、四半世紀に及ぶ改革騒動で完全に崩壊した保守政治の修復だろう。

そのためにはオークショットを繰り返し読むべきだ。

第四章

バカは何度も騙される

安倍政権の本質はカルト

安倍政権とは何だったのか？

一連の騒動を振り返ると、やはりわが国は大きく道を踏み外したと言わざるをえない。私はこれまで安倍政権の法や事実を軽視する姿勢を批判してきたが、崩壊の過程で、全体主義的、カルト的な本性が一気に明るみに出た。連合赤軍事件もそうだったが、カルトは追い詰められると同じような行動に出る。被害妄想に取り憑かれ、内ゲバを始める。錯乱した自称保守メディアは「加計問題は左翼の捏造だ」「なりふり構わない倒閣運動だ」などと言い出した。

政権支持率が二割台に突入すると、ネトウヨが「ニコニコ動画では支持率が五一・七％もある。やっぱり大手メディアは数字を捏造していた」だって。やはり教育は大切ですね。説明するのもばかばかしいが、母集団がニコニコ動画の視聴者であるというだけの話。ちなみに、東京新聞読者の安倍政権支持率は五％、産経新聞読者は八六％らしい（ＪＸ通信社）。これと同じで、全国調査と比較すること自体意味がない。

都合の悪い事実に直面すると、多くの人間は次のような行動に出る。

①都合の悪い事実を見なかったことにする。

②都合の悪い事実は敵が捏造したことにする。

③関係ない話を持ち出して、都合の悪い事実を相対化する。

自己欺瞞により、自分を守ろうとするわけだ。「安倍の失政なるものはそもそも存在せず①、それは護憲勢力や左翼が捏造したデマであり②、中国や北朝鮮の脅威が増す中、重箱の隅をつつくような問題で騒いでいる時間はない③」と。自称保守論壇の最後の悪あがきも、ほとんどこのパターンに収まる。

「できそこないの個人」

私はオウム真理教事件も思い出した。自民党幹事長の二階俊博は、いみじくもこう言った（二〇一七年七月二六日）。

「自民党がいろいろ言われていることは知っている。そんなことに耳を貸さないで頑張らなくてはいけない」

世の中の声に惑わされてはいけない。あれは悪魔の声だ。われわれは社会からいわれもない非難を受けているんだ。「こんな人たち」に負けるわけにはいかない。とにかく導師《グル》を信じろ。修行するぞ、修行するぞ。こうして安倍信者は、石破茂《ゲル》を攻撃する。

教条的護憲派は命をかけて憲法を守ろうとする。昔「健康のためなら死んでもいい」というギャグがあったが、「憲法のためなら死んでもいい」というわけだ。こうした手段と目的を取り違えた人々は揶揄の対象になってきたが、一部の改憲派もメンタリティーは同じで、「改憲のためなら死んでもいい」となってしまう。

安倍さんが財界のむちゃな要望に従っているのも歴史的偉業である改憲を果たすためだ。アメリカの命令どおりに国の形を歪め、ロシアに対しては北方領土の主権を棚上げし、中国からは大量の移民を入れようとしているのも仕方がない。河野談話を確定させようが、日韓基本条約を蒸し返し韓国に一〇億円を流そうが、皇室に嫌がらせをしようが、決して批判してはいけない。われわれは悲願である憲法改正のために今こそ安倍政権を支えなければならないのだと。

カルトですね。結局、情報弱者や孤独な人が騙される。改憲集会に行けば目を輝かせた人たちが全国から集まってくる。SNSならもっと簡単に同好の士は見つかる。

偉大なるリーダーである安倍様が、「憲法が権力を縛るためのものだったのは王権の時代。その考え方は古い。今われわれが改正しようとしている憲法は、国家権力を縛るためだけではなく、私たちの理想や国のありかた、未来について語るものにしていきたい」(二〇一四年二月三日)などとぶち上げれば、思考停止した人々は喝采を送るのである。この発想がジャコバン憲法の焼き直しだとしても、あるいは連中が「左翼の発想だ」と罵った立憲主義が、イギリス憲政史を振り返ればサルでもわかるように保守思想の根幹だとしても、事実は関係ない。彼ら教条的改憲派は、理想を実現するための国民運動をやっているのであり、そこで求められるのは、「ドイツでは戦後五九回も改憲している」「GHQはわずか一週間で憲法草案を作った」といったおなじみのわかりやすい説明である。

複雑な説明は拒絶される。彼らは判断の責任を負う気力もないので、自分たちを温かく包み込んでくれる「世界観」、正しい道に導いてくれる「リーダー」を必要とする。彼らは自発的に束縛を求める。これこそがマイケル・オークショットが指摘した「できそこないの個人」という類型である。彼らは近代に出現し、不安に支配され、疑似共同体に接近し、近代特有の病を生み出した。

政界の上祐史浩

現在のわが国で見られる言葉の混乱、事実の軽視、法の破壊、議事録の修正といった現象は、全体主義の兆候である。憲法を理解した形跡のない「幼児」が改憲を唱え、国会で「私は立法府の長」と平然と言い放つ。

私は基本的には憲法は変えるべきだと思っている。特に九条に限れば、独立国が軍隊を持つのは当然であり、矛盾は当然憲法改正により解決しなければならない。しかし安倍周辺一味による改憲だけは阻止しなければならない。繰り返し指摘してきたように、安倍は改憲により一院制や道州制の導入を目論んでいる。首相公選制を唱える維新の会と結びつく可能性も高い。二〇一二年に自民党が出した改憲草案は文明社会がまともに検討するレベルのものではなかった。安倍が突然言い出した加憲に至っては論外だ。九条の一項、二項はそのままにして、三項として自衛隊の存在を明記した条文を加えるというが、要するに戦後の欺瞞を重ねるという話。改憲派がこれまで積み上げてきた議論をすべてドブにぶち込み、恣意的な解釈の余地を残し、三流の人民政府をつくるということだろう。

周辺にはイエスマンが集められ、お友達には便宜が図られる。言論は弾圧され、現実に目を背ける連中が「現実を見ろ」と言い、嘘は「事実である」と閣議決定される。全国紙は官邸のリークを垂れ流し、一私人のプライバシーを暴き立て、つるし上げる。

連合赤軍は「理想」を実現させるためにテロを正当化した。オウム真理教は宗教独裁による「新しい国」をつくろうとした。しかし、彼らの国家観など、妄想にすぎなかった。政治とはリーダーの夢や理想を実現させるためではなく、国民の多様な生き方を調整するためにある。少なくとも「人民政府」を除いては。この点について本質的な反省がない限り、安倍政権崩壊後も同じような勢力が再びもてはやされるようになるだろう。腐っているのは安倍を放置してきたわれわれの社会なのだ。では、政界における上祐史浩は誰になるのか?

稲田朋美の最後っ屁

安倍政権を彩ってきたのは、嘘とプロパガンダである。安倍は加計学園が獣医学部の新設を申請していることを「今年一月二〇日の決定まで知らなかった」(二〇一七年七月二四日)と答弁したが、安倍は国家戦略特区諮問会議の議長であり、加計孝太郎はその「腹心の友」である。二〇一三年以降、安倍と加計は少なくとも一六回、ゴルフや食事を共にしており、国会でも「特区に申請した段階で当然知り得た」（二〇一七年五月九日）、「特区の申請を今治市とともに出された段階で承知した」（二〇一七年六月五日）などと答弁していた。

え？

野党が安倍の発言の矛盾を指摘すると、安倍は過去の答弁のほうを修正。歴史は党の都合により書き換えられる。ジョージ・オーウェルの『一九八四年』の世界をそのままなぞっているのが今の日本だ。

官房長官の菅義偉は、安倍が加計との会食を繰り返したことについて、関係業者からの供応接待を禁じた大臣規範に抵触しないとの認識を示した（二〇一七年七月二八日）。笑ったのが、安倍が「李下に冠を正さず」と言ったこと。そのスモモはジューシーだったんですかね？

〝走る爆弾娘〟稲田朋美が防衛相を辞任。その最後っ屁は強烈だった。

いつ辞任を決断したのかとの質問に、「日報問題で世間を騒がせ、責任を免れないと思っていた」「（辞任は問題が浮上したときから）ずっと、考えていた」「首相にはその都度、私の正直な気持ちを伝えていた」（二〇一七年七月二八日）。

ちゃんちゃん。つまり、安倍はこの問題を知りつつ、「ずっと」隠蔽していたわけだ。自民党は野党が求める衆院安全保障委員会への稲田の参考人招致を拒否（二〇一七年七月三一日）。稲田に責任を押し付けて逃げ切るつもりだろうが、日報問題は安倍問題でもある。そもそもいかがわしいオバハンを要職につけ、国を危険に晒したのは安倍だろう。防衛省から怒りの声が噴出したのも当然だ。安倍は「閣僚の任命責任はすべて総理大臣たる私にある」（二〇一七年七月二八日）などと言っていたが、過去に一度でも責任をとったことがあるのか。なお、第一次政権および第二次政権以降、一〇人の閣僚が辞任に追い込まれている。

稲田の過去の映像が残っていた。

「防衛大臣、あなたは自分の役目が分かっているんですか。あなたの役目はこの国を守ることであって、あなたの身の保身を守ることじゃありませんよ。いいかげんにしてくださいよ！」「それでも総理は一川防衛大臣を更迭しないで守るおつもりですか！」（二〇一一年一二月五日）

自民党の衛藤晟一が「隠蔽体質や公私混同による甘さがあったから、今の状況を招いた」と発言（二〇一七年七月二九日）。お仲間の衛藤から「公私混同」と言われるようになったら、もうおしまいですね。林芳正は「重い任命責任がある」（二〇一七年七月三〇日）、野田聖子は「私も含めて、少しでも『おかしい』と思った時に安倍さんにモノを言わなかった自民党の連帯責任だ。悲願の長期政権だし、支持率が高いと言いにくいが、特に派閥の長が何も発信しなかったことは大きい」(「毎日新聞」二〇一七年七月二八日)。いまさらだけど、そのとおり。自民党は最後まで自浄能力を見せなかった。

ドイツを統一したオットー・フォン・ビスマルクは「愚者は経験に学び、賢者は歴史に学ぶ」と言ったが、安倍は経験にも歴史にも学ばない。第一次政権のときも閣僚が次々と不祥事を起こし自爆したが、今回も同じことの繰り返し。もっとも、優秀な閣僚で政権が固められていたら暴走が止まらなかった可能性もあるので、安倍の見識のなさが日本を救ったと言えなくもない。あえて安倍の功績を挙げれば、安倍の周囲に集まってくる乞食言論人や自称「保守メディア」の正体を、完全に明らかにしてしまったことだろう。

民進党の蓮舫が代表を辞任すると表明(二〇一七年七月二七日)。これに先立ち、幹事長の野田佳彦も辞任する意向を表明した(二〇一七年七月二五日)。遅きに失したとはいえ、この二人が執行部からいなくなるのはよいことだ。安倍の暴走の責任は民進党にもある。

元首相の福田康夫は「各省庁の中堅以上の幹部は皆、官邸(の顔色)を見て仕事をしている。恥ずかしく、国家の破滅に近づいている」(二〇一七年八月二日)と安倍を痛烈に批判したが、野党連合結成の際に協力を仰いではいかがか？

某社の編集者（右でも左でもない。どちらかというとエロ）が、加計学園問題をめぐる閉会中審査のテレビ中継を見たと言う。「自民党の青山繁晴、かわいそうだったな。前川喜平にボコボコにやられちゃった。でも、もっと驚いたのが、ネットに『青山完勝』と書いている人がいたことなんですよ」と。「今の世の中そんなものですよ」と私は答えておいた。

おい、小池！

自民党の今井絵理子は同党の神戸市議会議員橋本健と不倫。『週刊新潮』は、新幹線の車内で手をつなぎながら眠る二人の写真を掲載。その後、ホテルから出てくる動画もアップされた。今井曰く「最後の一線は越えていません」。自民党は最後の一線を越えたようだ。

獣医学部の新設をめぐる問題で、担当大臣だった山本幸三が、学校法人決定の二カ月前に、加計学園に決めたと日本獣医師会に通告していたことが明らかになった（『週刊文春』二〇一七年七月二七日号）。二〇一六年一一月一七日、山本は日本獣医師会本部でこう述べている。

「獣医師が不足している地域に限って獣医学部を新設することになった」
「四国は、感染症に係る水際対策ができていなかったので、新設することになった」
「今治市が土地で三六億円のほか積立金から五〇億円、愛媛県が二五億円を負担し、残りは加計学園の負担となった」

京都産業大学も名乗りを上げていた時期だが、「加計ありき」で「男たち」の計画は進んでいたようだ。山本はこの件に対する弁明で「加計というのは一切ありません。私はその点、十分注意していて、用意した文書でも『事業実施主体』という言い方で徹底してます」（二〇一七年七月二〇日）と口を滑らせた。見事なオウンゴールである。

東京都知事の小池百合子が「都民ファーストの会」代表を辞任（二〇一七年七月三日）。小池は「（議会が首長をチェックする）二元代表制等々への懸念」を考慮したなどと言っていたが、二元代表制における問題はないと説明してきたのは小池ではないか。結局、野田数が代表に戻り、五五人のポンコツが都議会に押し込まれただけ。小池に騙されて投票したおばかさんたちは梯子を外された。これ、選挙目当ての名義貸しでしょう。

「私が提唱する『東京大改革』の一丁目一番地は、情報公開です」などと言いながら、小池の政策決定のプロセスはすべて闇の中。小池の代表辞任も周辺だけで決めたそうな。「都民ファーストの会」が現在進めているのは、所属議員の口封じ。政治の素人ばかりなので、失言を避けるのが狙いだという。野田数曰く「どの企業も取材は広報経由。うちはこれまでの都議会と違い、民間並みの対応をとる」。都政の「ブラックボックス」を批判して票を集めた連中が最大の「ブラックボックス」だったというオチ。アホくさ。

「上からの演繹」

「産経抄」(「産経新聞」二〇一七年七月一五日)が加計学園問題について「『安倍首相は悪である』演繹法を誤用するマスコミ報道」なる文章を書いていた。

「これまでの一連のマスコミ報道を追うと、演繹法が誤用されている印象が濃い。安倍首相は悪である。加計学園理事長は安倍首相の友人である。ゆえに不正がなされたに違いない。そんな根拠のない前提のもとで、飛躍した論理が流布されてはいないか」

「『ビルマの竪琴』の作者として知られるドイツ文学者、竹山道雄は唯物史観を批判する評論の中でこう説いた。『まずある大前提となる原理をたてて、そこから下へ下へと具体的現象の説明に及ぶ行き方は、あやまりである』」

「その上で、さらに続ける。『「上からの演繹」は、かならずまちがった結論へと導く。（中略）事実をこの図式に合致したものとして理解すべく、都合のいいもののみをとりあげて都合の悪いものは棄てる』」

ヨーロッパに留学し、シュバイツアーやゲーテ、ニーチェの翻訳を行った竹山は、戦前戦中の軍部の体制および戦後の進歩主義を、同質のものとして批判した。その射程に収まったのは戦後日本の精神的脆弱性であり、右と左から発生する全体主義である。

「産経抄」が引用した竹山の『昭和の精神史』はこう続く。

《歴史を解明するためには、先取された立場にしたがって予定の体制を組み立ててゆくのではなくて、まず一々の具体的な事実をとりあげてそれの様相を吟味するのでなくてはなるまい。前提された発生因から事実へと下るのではなく、むしろあべこべに個々の事実から発生因へと遡るのでなくてはなるまい。固定された公理によって現象が規定されるのではなく、現象によって公理の当否が検証されなくてはなるまい》

竹山が指摘したように、いかがわしい勢力は事実を都合よく解釈する。

「マスコミ」は「安倍は悪だ」と決めつけて「上からの演繹」を行ったのではない。安倍の発言の矛盾や国会の軽視といった「一々の具体的な事実」を突き付けただけだ。安倍本人も言うように「国民から疑念の目が向けられるのはもっとも」（二〇一七年七月二四日）なのである。

一方、安倍礼賛を前提に「上からの演繹」を行っているのはどこの連中か？

自民党憲法改正推進本部の会合では、改憲により「首相の権限強化」を検討すべきだとの意見が相次いだ（二〇一七年七月五日）。先述の改憲草案では、首相は「緊急事態の宣言を発することができる」と規定しており、そこには国民の人権や財産権の制限が盛り込まれている。

自由主義者の竹山がもし生きていたら、今の日本を見てなんと言っただろうか？

政治にワクワクもＳＰＥＥＤもいらない

アイドルグループ「ＳＰＥＥＤ」の上原多香子が不倫により夫を自殺に追い込んでいたとの報道があった。夫はヒップホップグループ「ＥＴ‐ＫＩＮＧ」のメンバーのＴＥＮＮ（本名・森脇隆宏）。二〇一四年九月二五日、自宅マンションに停めた車内で首を吊って自殺。遺書は上原と俳優の阿部力の交際に言及。ＴＥＮＮのスマホには、彼が撮影した上原と阿部のＬＩＮＥのやり取りや肩を組みキスを交わす二人の写真など数々の証拠が残されていた。

上原「オトナになっても、こんなに好き好きって、なるんだなぁって。ちょっとびっくりしてる」「トントン（阿部のこと）に出会えて、本当によかった」

阿部「俺もおもった。とし関係ないなーって」

上原「トントンに会いたいよ。旦那さん、大事だけどそれ飛び越えてる」

阿部「たかちゃん～」

上原「トントン」「会いたいよ」

ひどい話だね。これで自民党も窮地に追い込まれるだろうと思ったら、不倫発覚で騒がれている「SPEED」の今井絵理子とはまた別の話だった。紛らわしいっつーの。

ちなみに、上原は今井に結婚生活も不倫も逐一報告していたという(『女子SPA!』二〇一七年八月二四日号)。

「今井絵理子さんは、上原さんの不倫も陰で指南していたようです。上原さんも不倫相手と会う際に、夫に気づかれないよう、今井さんと会っているということにしてと、二人で口裏を合わせていたようですからね」(事務所関係者)

「女たちの悪だくみ」といったところか。

上原がトントンなら、今井の不倫相手の神戸市議橋本健はさしずめケンケンだろう。その橋本は政務活動費を不正に受け取った疑惑により議員辞職(二〇一七年八月二九日)、今井のマンションに逃げ込んだとの報道もあるが、今度は今井が当選後に議員十数人にビール券を配っていたことが発覚(『週刊新潮』二〇一七年九月七日号)。公選法違反である。

先日、デンデン、いや安倍晋三批判を某社のウェブサイトに書いたのですが、「ならば、蓮舫を支持するのか！」とわけのわからない難癖をつけてきた奴がいた。

「ならば」って何？

独特な思考回路を持っているようなので、少し興味を持ち、彼のプロフィール欄を読むと「ワクワクするような新しい日本をつくりたい」とあった。

わが国には「ワクワク」という勢力が存在する。いまや彼らは、がん細胞のように増殖し、社会に食い込んでいるようだ。

小泉進次郎も小池百合子も橋下徹も蓮舫も「ワクワク」に言及してきた「ワクワク勢力」である。特にこの四半世紀、連中は構造改革の名の下に、あらゆる制度の解体に勤しんできた。ワクワク教の中興の祖である竹中平蔵は「私の改革思想はワクワク感なんです」（『竹中流「世界人」のススメ』）と語る。その信者である安倍は、「ワクワクしていく日本をつくっていくことが今年の新たなテーマだ」と発言（二〇一七年一月一日）。二〇一四年の正月にも「ウキウキ、ワクワクするような年」にしたいと答えている。

石破茂は、「地方創生」「一億総活躍」「人づくり革命」と看板政策をコロコロ変える安倍に対し、「大河ドラマではないので、一年ごとに出し物が変わるのはあまりいいことだと思わない」（二〇一七年七月一二日）と批判していたが、それは違う。「出し物」を頻繁に変えるのが彼らのビジネスなのだ。

「人づくり改革」という狂気

ＮＨＫの大河ドラマでは、毎年のように主人公が「新しい国をつくる」と繰り返す。その多くは勧善懲悪の『桃太郎』と構造が同じである。悪の巣窟に正義の味方である主人公が乗り込んでいき、成敗するという紙芝居だ。もちろん、ドラマの主人公がある程度美化されるのは仕方ないが、フィクションと現実の区別がつかない大衆には「革命＝善」というイデオロギーが刷り込まれていく。子供は歴史に対して無知であるし、積み上げられてきた制度に恩義を感じることもない。だから破壊に幻想を抱く。大人とは物事を単純化せずに考え続ける責任を負うことだが、わかりやすい歴史を愛好する人々は、白黒はっきりさせないと落ち着かない。とにかく現状を破壊しろ。改革の結果、不都合が生じたら「まだ改革が足りない」というわけだ。これは典型的な左翼の手口であり、遡ればキリスト教の千年王国史観になる。こうした革命幻想は、日本人のメンタリティーに深く根付いている。

近代啓蒙思想は革命の原動力になったが、西欧には近代とは実態を究明すべき歴史的現象であると考えたまともな人々もいた。しかし、明治以来わが国は、近代啓蒙思想、つまり革命の原理を神棚に飾るようになった。ロベスピエールが理性を神格化したように。

日本が権力の中枢から外に向かって解体されていくのは、時間の問題だった。

ワクワク勢力は大衆の破壊願望と結託した。小沢一郎は「守旧派」を攻撃し、小泉純一郎は「抵抗勢力」に刺客を送った。民主党は「官僚」を悪玉に仕立て上げ「公開処刑」した。「橋下劇場」も「小池劇場」もこの延長線上にある。そして、現状を破壊すれば理想に近づくという、幼稚な、無責任な、戦後民主主義的な、卑劣な、腐った、病的な社会の気分は、ついに社会を「リセット」し「新しい国をつくる」という安倍政権に行き着いたのである。

そもそも「人づくり革命」という発想にジャン＝ジャック・ルソーの狂気を想起できなくなっているとしたら、今の社会は病んでいるとしか言いようがない。

政治にワクワクもウキウキもＳＰＥＥＤもいらない。政治が遠ざけなければならないのは浮ついた気分である。

ボンボン、いや安倍が義務教育レベルの知識がないのは、単に不勉強であるからではなく、伝統や「知」といったものを根本的なところでバカにしているからだ。安倍は広島市原爆死没者慰霊式並びに平和祈念式に参列（二〇一七年八月六日）。九日には長崎の式典に臨んだが、読み上げたのは地名と犠牲者数を入れ替えただけの同じ文章だった。原稿の使いまわしは、毎年のように行われている。

学生のレポートでもコピペすれば簡単にばれるこのご時世、白昼堂々とあの声で陳腐な「作文」を読み上げる。要するに日本人にケンカ売っているんですね。

そもそも安倍はアメリカに原爆を落とされた経緯を理解していない。「ポツダム宣言というのは、米国が原子爆弾を二発も落として日本に大変な惨状を与えた後、『どうだ』とばかり（に）たたきつけたものだ」（『Voice』二〇〇五年七月号）と時系列もデタラメ。ポツダム宣言は一九四五年七月二六日、原爆投下は八月六日と九日である。政治家としての資質以前に、常識がない。

二〇一五年五月二〇日には、ポツダム宣言を「つまびらかに読んでいない」と発言し騒ぎになったが、こうした「幼児」が改憲を唱えているのが今の日本の惨状です。

高校野球、やめたらどうか

北朝鮮がグアム沖への弾道ミサイル発射計画で、島根、広島、高知の上空通過を予告。安倍は島根、広島、愛媛、高知の四県の知事と官邸で会談し、「言語道断だ」と非難した（二〇一七年八月一四日）。四県知事に言っても仕方がないのにね。

安倍曰く「許し難い挑発行為を実行させないことが重要だ」「政府の最も重い責任は国民

の生命を守り抜くことだ。われわれは今後も全力で取り組んでいく」。

なるほど。ではどのようにして全力で取り組んだのか？

メディアが危機を煽り、避難訓練まで行われる中、安倍は女房の昭恵と共に地元山口県で盆踊りに参加。「私も元気になってきた」だって。

なお、『週刊現代』（二〇一七年五月六・一三日号）は、「北朝鮮情勢が緊迫してきてから、安倍さんはすっかり元気になって、『ツキがまわってきた』と側近たちに話しています」との官邸スタッフの言葉を紹介している。クズですね。

北朝鮮が弾道ミサイル一発を発射。北海道上空を通過し、襟裳岬東方一一八〇キロの太平洋上に落下した（二〇一七年八月二九日）。早朝にもかかわらず安倍はおめかしをして記者の前に登場。「発射直後から北朝鮮ミサイルの動きは完全に把握していた」と胸を張った。「わが国を飛び越えてミサイルが発射されたのは、これまでにない重大な脅威だ」とのことだが、一九九八年にも二〇〇九年にも北朝鮮のミサイルはわが国を飛び越えている。

二〇一七年の夏休みは瀬戸内に行ってきました。広島までの切符を買い、途中下車しながら南下したのですが、連日の猛暑で疲れたので、三原でUターンして東京に戻ってきました。

倉敷で食べたサワラや黒メバルもよかったし、三原で食べた活蛸、オコゼ、カサゴもよかった。

姫路の定食屋のテレビでは高校野球の中継が流れていた。この異常気象の中、やめとけばいいのにと思ったが、案の定、プラカード嬢や選手が熱中症で倒れたとのこと。

夏の甲子園はそろそろやめたらどうか。

「球児」だかなんだか知らないが、朝日新聞をはじめとするメディアや広告塔として利用する学校に騙されていることに気づいたほうがいい。高校時代は多くの経験を積むことができる時期だ。朝から晩まで球を転がしているくらいなら、エロ本見て金玉転がしていたほうがマシだ。

テレビ中継では解説者が「この一点を次のイニングにつなげたいところですね」「一球一球を大切に投げてますね」などと言っていたが、あんなものを聞いていると頭がおかしくなる。一つ提案。高校野球はファミコンの「ファミリースタジアム」の勝ち抜き戦にしたらどうか。今、ファミコンがあるのかどうかは知りませんが。

コンピューターおばあちゃん

小池百合子が「私はＡＩ」と発言（二〇一七年八月一〇日）。

市場移転問題の最終判断の記録が都に残っていなかった問題について、記者から「最終判断が知事と顧問団による密室で下されたことが情報公開という小池都知事の方針に逆行するのではないか」と問われると、小池は「それは、私がＡＩだからです」「最後の決めはどうかというと、人工知能です。人工知能というのは、つまり政策決定者である私が決めたということでございます」と回答。

小池は本当にＡＩなのか？

もし小池が公の場で嘘をついたとすれば、都知事としての資格はないことになる。小池が言っていることが本当なら、早急に知事選をやり直すべきだ。都知事がＡＩだったらまずいだろ。

私は後者の可能性もゼロではないと思っている。目も虚ろだし、人間離れしている。世の中を混乱に陥れても、都民の税金をドブにぶち込んでも、それに対する人間らしい感情を見いだすことができない。小池の著書や過去の発言をチェックしたことがあるが、時代の空気をつかみ、カタカナ言葉に置き換えるだけ。政策と呼べるようなものも特にない。ビッグデータを分析し判断を下すのがＡＩなら、小池はまさにＡＩだろう。
ただし、小池がＡＩだとなぜ記録を残さなくていいことになるのかは不明。

私が作詞・補作曲した「豊洲の女」（三沢カヅチカ）をカラオケで歌ったのですが、私のキーは四つ下げでした。次は「ＡＩの女」という曲でも書くか。そういえば、昔「コンピューターおばあちゃん」という曲がありましたね。

官房長官の菅義偉が二〇一二年に出版した『政治家の覚悟』で、《政府があらゆる記録を克明に残すのは当然で、議事録は最も基本的な資料です。その作成を怠ったことは国民への背信行為》と記していたそうな（「朝日新聞デジタル」二〇一七年八月八日）。

加計問題に関し、国家戦略特区ワーキンググループの議事録の公開に応じない菅に対し、記者がこの部分を読み上げ、誰が書いた本かわかるかと尋ねると、菅は「知らない」と返答。記者が「官房長官だ」「政府の現状と照らし合わせて、じくじたる思いやきちんと記録に残すべきだという気持ちにはならないか」と尋ねると、菅は「いや、私は残していると思う」と主張。ゴーストライターが書いたんだろうけど、自分の名前で出した本くらい読んでおけばいいのに。

三浦瑠麗というデマゴーグ

三浦瑠麗という女がおかしなことを言っていると騒ぎになっていた。「気分はもう戦前？今の日本の空気」（「東京新聞」二〇一七年八月一二日）というインタビュー記事で、三浦は安倍政権の姿勢に対し、「まず、『戦前回帰』を心配する方々が思い描く『戦前』のイメージに不安を覚えます。大日本帝国が本当の意味で変調を来し、人権を極端に抑圧した総動員体制だったのは、一九四三（昭和十八）～四五年のせいぜい二年間ほどでした」と回答。治安維持法が制定されたのは一九二五年、小林多喜二が特高警察に虐殺されたのは一九三三年、国家総動員法が制定されたのは一九三八年とネットでは総ツッコミが入っていた。

やはり、あの界隈の「ババア枠」を狙いにきたね。世の中には上から目線のババアに叱ってほしい男が一定の割合で存在し、その枠を確保すると大きなビジネスになる。近い将来、着物をお召しになり、髪を盛り上げ、講演で地方をドサ回りするようになるのでしょう。

しかし、アホウヨ雑誌でキャンキャン吠えている連中より、研究者として政治を俯瞰しているポーズをとっている分、タチが悪い。

大阪「都構想」の住民投票で反対派が勝利した際には、ブログで「ポピュリズムはむしろ足りなかった」などと書いていた（二〇一五年五月一八日）。

三浦は維新の会が負けたのは「バラマキ」を行わなかったからだと言う。

「物質的な便益を志向する有権者を取り込む方向性」として、「維新は、都構想による平成45年までの効果を4000億円と見積もりました。試算の成否は一旦置いておくとして、この4000億円を原資に減税を行うということは可能だったはずです」だって。

説明するのもばかばかしいが、住民投票の時点で四〇〇〇億円という数字はデタラメであることが明らかになっていた。橋下の指示による粉飾で出した数字でさえ九七六億円。大阪市議会の野党が出した数字は約一億円である。制度移行の経費と年間コストを引けば、明らかにマイナスになる。

「都構想」とは足し算ができれば誰でもわかる詐欺なのだ。

試算の成否を「一旦置いておく」ことなどできるわけがない。橋下維新が捏造した「二重行政の解消による効果」というデマこそが、「物質的な便益を志向する有権者を取り込む方向性」なのである。

また三浦は、維新の会は「いわゆる恐怖心を主要な動機付けとする手法を採らなかった」と言う。

「例えば、2009年の政権交代の直前、自民党は民主党政権になったならいかにひどいことが起きるかということを繰り返していました。政治はきれいごとではありませんので、スキャンダルやネガティブ・キャンペーンを前面に出して戦うことも、それを適切なタイミングで提起することもしばしば行われることです。タウンミーティングやメディアにおける維新幹部の訴えはとてもクリーンでした」

どこの花畑で暮らしているのかは知らないが、妄想だけで原稿を書いているのだろう。私は維新の会のタウンミーティングに参加したことがあるが、その内容はまさに「スキャンダルやネガティブ・キャンペーンを前面に出して戦う」ものだった。ジャーナリストの大谷昭宏や元大阪市長の平松邦夫の悪口を繰り返し、維新の会に批判的な人間に対しては「悪魔に魂を売ってしまった」「わら人形を作って、たぶん五寸釘で打っていると思う」などと印象操作をして騒いでいた。目盛りをごまかした詐欺パネルで大阪市民を騙し、大阪市を解体しようとした経緯についてはすでに検証されている（『ブラック・デモクラシー』藤井聡ほか）。

三浦は悪質なデマゴーグである。

元総理の羽田孜が老衰のため死去（二〇一七年八月二八日）。八二歳だった。羽田は「安倍総理から日本を守ろう」と訴えていた。日本人は早く目を覚ましたほうがいい。

現役世代の社会保険料を上乗せして幼児教育と保育の無償化にあてる「こども保険」を提唱している小泉進次郎が、新たな財源として企業経営者に「年金返上」を呼びかけたとのこと。進次郎は、富裕層が自主的に年金給付を受ける権利を放棄し、それを財源に加えることを提案。返上後に生活が苦しくなったら申告すれば年金給付金を戻せる仕組みや、返上者に厚生労働大臣表彰や叙勲などをする案も挙げた。

善意を財源にするとか、その見返りに叙勲とか……。今、安倍を支持している連中って、この先は進次郎みたいなのに騙されるんでしょうね。バカは犯罪。

自民党長老は共産党と手を結べ

国難に際し、老兵が最後の奉公として立ち上がるという物語は古今東西に存在する。老い先も短いのだから、手柄を立てたところでどうなるわけでもない。ギラギラした野望があるわけでもない。カネもいらない。純粋に国の行く末を考え、身を張って恩を返すのである。大河ドラマでもよくある話。孫の顔を見ながら穏やかな老後を送ることができるのに、不甲斐ない若者を横目に、経験と勘を生かし、世を正す。そういうジジイはカッコいい。

現在、わが国は極めて危険な状況にある。自民党は一部のおかしな勢力に乗っ取られてしまった。いまだに自民党を保守政党だと思っている人もいるが、バカは価値判断ができないからラベルとパッケージに騙される。「自民党」というラベルが貼ってあれば、中身はまったく別物でも同じものだと思ってしまう。

かつての自民党には保守的な側面があった。「真っ当な日本人」を切り捨てない層の厚さがあった。家族制度の護持を唱え、自主独立を党是とし、農協をはじめとする中間共同体の意見も汲み上げた。五五年体制下では、党内における派閥間の抗争という形で議会政治が成り立っていた。そこでは根回しや利害調整、合意形成のための努力が払われた。

だが、この四半世紀にわたり繰り広げられてきた政治制度の破壊、「改革」の大合唱の結果、自民党から保守的な要素は切り捨てられ、支持基盤も変質し、移ろいやすい世論を利用する都市政党になってしまった。そういう意味では、安倍政権は劣化した自民党にトドメを刺したにすぎない。夢や理想を語り、愚民を唆《そそのか》し、権力の集中を図り、飴と鞭でメディアをコントロールする。発想は人民政府そのものだ。グローバリズム利権、構造改革利権を求めるハイエナ、そのおこぼれに与ろうとする自称保守メディア・乞食言論人が安倍周辺を固め、売国・壊国政策を押し通してきた。まあ、アメリカ、ロシア、中国、韓国、北朝鮮は、当然安倍を支持するでしょう。「国境や国籍にこだわる時代」は過ぎ去ったなどと言いながら、自分から股を開いてくれるのですから。

一方、怒り心頭なのは、真っ当な保守層、まじめに議論を重ねてきた改憲派、かつての自民党支持者、総理大臣経験者、そして一線を退いた自民党の保守本流や重鎮の面々だ。

安倍を批判する自民党の重鎮

安倍政権が続けば、確実に日本は崩壊する。この認識は歴代総理の中で幅広く共有されている。

福田康夫は、「国家の破滅が近い」と警告（「共同通信」二〇一七年八月二日）。

加計学園問題、森友学園問題に関して、「各省庁の中堅以上の幹部は皆、官邸（の顔色）を見て仕事をしている」「（二〇一四年に発足した内閣人事局に関して）政治家が人事をやってはいけない。安倍内閣最大の失敗だ」「官邸の言うことを聞こうと、忖度以上のことをしようとして、すり寄る人もいる」と指摘した。

羽田孜は「安倍総理から日本を守ろう」、村山富市は「国民軽視の姿勢許せぬ」、菅直人は「直ちに総理辞任を」、細川護煕は「国益を損なう」と発言（二〇一五年八月一二日）。

小泉純一郎は、安倍を「嘘つき」とした上で、福島第一原子力発電所の事故に関して「いまだにコントロールできない。やるやる、できるできるって言ってできない」「よくああいうこと言えるなと、俺、不思議なんですよ」（二〇一六年九月七日）と発言。安倍の原発政策については、「どうかしてるよ。安全でもないのに。その発想がわからない」と非難した（二〇一七年三月八日）。

自民党のかつての重鎮も憤慨する。

安倍の兄貴分である亀井静香は、安倍は「夢遊病者みたいな政治家」だと言う。

「今の政治というのは絶望的だ。まったくおかしな事になっている。庶民の寂しいフトコロに手を突っ込んで、儲かっている企業には減税をするなんて、日本の歴史上まれに見る悪政だ」（『月刊日本』二〇一三年一一月号）。著書『晋三よ！ 国滅ぼしたもうことなかれ』では、ＴＰＰや安保法制を例に挙げ、《晋三はもっともやってはいけないことをやってしまったんだ》と断罪する。

《弟のように思ってきた男だけど、このまま逆の方向に突っ走らせるわけにはいかねぇと発憤。俺も、いつまでも長屋で傘張り浪人をやってるわけにはいかないと老骨にむち打ち、「日本を滅ぼさせまいぞ！ さあサビた槍を磨け！」ということになった》

元幹事長の古賀誠は、安倍は「愚かな坊ちゃん」だと言う。安保法制については「とんでもない法制化が進められようとしている」「自民党の先生方、何か言ってくれよ。なぜ黙っているんだ。ハト派じゃなく良質な保守派がいっぱいいるはずだ」（二〇一五年三月二七日）。

古賀は、党による政府へのチェック機能が著しく劣化していると言う。そのとおりだ。かつては政府の出す法律は与党の事前承認が必要だった。議論の結果を政務調査会に上げ、総務会に諮ってから、国会に提出した。しかし、今は「根っこの議論が何一つない」と言う。

「自民党がこんな状態になったのは小選挙区制で党の執行部に権限が集中したからだとも言われますが、私はそれだけではないと思う。国会議員一人ひとりの覚悟の問題です。なぜ政治を志したのかという気概や見識を、今の議員は失ってきている」(『週刊朝日』二〇一五年三月六日号)。

元総裁の河野洋平は、「今は保守政治というより右翼政治のような気がする」と懸念を表明(二〇一五年二月二四日)。

元官房長官の野中広務は、「偏ったブレーンを集めている」「非常に誤った道を歩みつつある。内閣は自分たちの行動に高揚している」と安倍を批判した(二〇一四年二月一九日)。

元労働相の村上正邦は、「安倍総理の周辺は茶坊主ばかりだ。総理をかばって虚偽答弁ばかりを繰り返す。耳が痛いことは誰も言わない。総理は自分が『裸の王様』になっていることに気付いていないんだ」(『月刊日本』二〇一七年九月号)。

元副総裁の山崎拓は、「『黙れ』『うるさい』『俺の言うことを聞け』『俺が正しいんだ』…、それだけだ。それは討論じゃない」「やじに対して自分もやじる」「レベルが低過ぎる。そのレベルで日本の政治を任せているのは恐ろしいことだ」(「時事通信」二〇一七年七月二七日)。

このように、自民党内のリベラル、左派だけが安倍を批判しているのではない。右派だろうが改憲派だろうが、正気であれば、「嘘つき」で「レベルが低過ぎる」「夢遊病者」の「愚かな坊ちゃん」が、「偏ったブレーン」を集め「自分たちの行動に高揚」している現状が「恐ろしい」ことくらい容易に理解できる。

改革をやめる

もっとも私はこれらの一線から退いた政治家を全肯定しているわけではない。それどころか、厳しく批判してきた人物もいる。日本の政治を歪めたA級戦犯は政治制度に手をつけた河野洋平と小沢一郎であり、「自民党をぶっ壊す」と言い実際にぶっ壊し、そのまま放置した小泉純一郎だと思っているし、ヤマタクの経済政策にも共感できない。かつての重鎮は自民党の劣化と関係がないわけではない。

しかし、今やるべきことは安倍の暴走を止め、祖国を国民の手に取り戻すことだ。彼らも忸怩《じくじ》たる思いがあるからこそ、安倍を批判しているのだろう。

野党共闘の際には、元総理やかつての自民党重鎮を巻き込むべきだ。国の中心で経験を積んできたので、勘もあるし武器の使い方も知っている。それに学ばない手はない。半数未満であれば国務大臣は民間から登用できる。彼らが新政府の閣僚に加われば、強烈なインパクトがある。自民党に籍を置いている人もいるが、そこはきちんとお願いして離党してもらえばいい。

今、国民が求めているのは、真っ当な保守層の受け皿だ。旧態依然とした左翼の受け皿などいらない。野党は現状を正確に把握した上で、戦略を立てるべきである。

政策面においては、「改革をやめる」と打ち出すべきだ。四半世紀にわたる構造改革路線、グローバリズム路線で日本は豊かになったんですか。国益を失ったのではないですか。これからは政治のスピードを鈍化させ、落ち着いた政治を取り戻します。夢や理想は語りません。小選挙区比例代表並立制は中選挙区に戻します。党中央に権限が集中する政治資金規正法も一九九四年より前の形に戻します。郵政事業は国営に戻します。労働者派遣法の規制は強化し、構造改革特区は廃止します。安倍一味が目論んできた道州制、一院制、首相公選制、移民政策、TPP、農協の解体、配偶者控除の廃止などの議論もすべてストップします。これだけ言えば、真っ当な国民、保守層の支持は集まるだろう。

共産党委員長の志位和夫は「まじめな保守の方々と協力関係を強めたい」とすでにエールを送っている（二〇一四年五月一五日）。共産党は北方領土問題やTPP問題をはじめ、自民党よりはるかに保守的な政策を採り続けてきた。共産党を組み込む形で保守勢力を結集させてはいかがか。

共産党を担ぐなんてとんでもない？

でも、かつての自民党は社会党を担ぎ、そこの党首を総理にまでしたのだ。すべての政策が一致しなくても構わない。

たしかに元総理や自民党の重鎮はアクが強いが、今の自民党執行部よりはるかにマシ。いや、マシと言っては失礼か……。ここは三顧の礼で迎え入れるしかない。

本当、お願いします。

おわりに

すべては茶番。

もり・かけ・解散選挙に「緑のたぬき」が参戦したが、所詮「即席」だったというオチ。希望の党は大惨敗。

ただし、小池百合子が果たした役割は大きい。

それはわれわれの社会に大きな不信の種を植え付けたことだ。

市場移転問題の迷走により築地の人々の信頼関係を破壊し、都庁内では独裁者として振る舞い、国政選挙においては絶望的に古いスローガンを掲げ、いかがわしい勢力を結集させた。

安倍は小池と組んで改憲したいと、ことあるごとにエールを送っている。ちなみに、維新の会と小池をつないだのは竹中平蔵だった。

二〇年前のスポーツ新聞じゃあるまいし、デジャヴというか、老人の残尿感に近い。

先日、自民党の売国・壊国勢力と闘ってきた亀井静香が政界引退を表明した。

「無我夢中でやってきました。しかし、こんな世の中になっちまった。達成感はありません」

この一言に尽きるのだろう。

徒労。

絶望。

この四半世紀にわたり、バカを票田とする政治家と、バカをリーダーとあがめる有権者の強力なタッグが、政治システムを破壊し、日本を三流国に貶め、結局「こんな世の中になっちまった」。

小池が引き起こした一連の騒動も、新鮮味のかけらもない。人類が犯した過ちを繰り返しているだけだ。

スペインの哲学者オルテガ・イ・ガセットは言う。

《この両者――ボルシェヴィズムとファシズム――は、ともに似て非なる夜明けである。それらはいずれも明日の朝をもたらすものではなく、すでに一度ならず何度も何度も使い古された古風な一日の夜明けをふたたびもたらしたにすぎないのである。要するに、両運動とも野蛮性への後退なのだ》（『大衆の反逆』）

「小池さん、頑張っているじゃない」

「初の女性総理も夢じゃないネ」

「安倍政権としっかり戦ってほしい」

責任を取らなければならないのは、あの手の連中を支持した人間だけではない。

目の前に迫った危機に気付かず、放置したわれわれの社会なのだ。

卑劣な社会は卑劣な政治しか生み出さない。

正気を維持した人間は、自分の生き方を見定めるべきだ。

本書は「時代への警告」シリーズ第二弾という形で、今の日本の姿を描写した。

なお本文に関しては、雑誌掲載記事を大幅に加筆修正し、敬称は省略させていただきました。

適菜 収

初出一覧

第一章　小池百合子とは何だったのか
『新潮45』二〇一七年一一月号、二〇一七年七月号

COLUMN　「小池劇場」に熱狂する「B層」
『週刊新潮』二〇一七年一〇月一二日号

第二章　だから何度も言ったのに
『新潮45』二〇一七年二月号、三月号、四月号

COLUMN　新聞社説は害悪
『週刊新潮』二〇一七年一月一九日号

第三章　保守政治の崩壊
『新潮45』二〇一七年五月号、六月号、八月号

COLUMN　保守の対極である安倍はオークショットに学べ
『ZAITEN』二〇一七一一月号

第四章　バカは何度も騙される
『新潮45』二〇一七年九月号、一〇月号

日本音楽著作権協会（出）許諾　第1713057-701

著者略歴

適菜 収（てきな・おさむ）

1975年山梨県生まれ。作家。哲学者。ニーチェの代表作『アンチ・クリスト』を現代語訳にした『キリスト教は邪教です！』、『ゲーテの警告 日本を滅ぼす「B層」の正体』、『ニーチェの警鐘 日本を蝕む「B層」の害毒』、『ミシマの警告 保守を偽装するB層の害毒』（以上、講談社＋α新書）、『日本をダメにしたB層の研究』（講談社＋α文庫）、『日本を救うC層の研究』、呉智英との共著『愚民文明の暴走』（以上、講談社）、『なぜ世界は不幸になったのか』（角川春樹事務所）、『死ぬ前に後悔しない読書術』、『安倍でもわかる政治思想入門』、『安倍でもわかる保守思想入門』、『安倍政権とは何だったのか』（KKベストセラーズ）など著書多数。

おい、小池《こいけ》！

女《おんな》ファシストの正体《しょうたい》　時代《じだい》への警告《けいこく》

2017年11月25日　初版第1刷発行

著者　適菜《てきな》 収《おさむ》

発行者　栗原武夫

発行所　KKベストセラーズ
〒170-8457 東京都豊島区南大塚2-29-7
電話 03-5976-9121
http://www.kk-bestsellers.com/

印刷所　錦明印刷

製本所　積信堂

DTP　三協美術

装丁　フロッグキングスタジオ

定価はカバーに表示してあります。
乱丁、落丁本がございましたら、お取り替えいたします。
 ISBN 978-4-584-13831-1 C0031